ZWILLINGE
das Magazin

Das Mitmach-Magazin für Zwillings- & Drillingseltern

Band 34
September/Oktober 2018

© Marion von Gratkowski
Postfach 40 11 11
D-86890 Landsberg
Tel. 0049-(0)8344-809 95 39
info@twins.de
www.twins.de
Redaktion: Marion von Gratkowski
Titelfoto: Rana & Sena
Fotos & Texte: Privat
Herstellung & Verlag: BoD - Books on
Demand, Norderstedt
1. Auflage September 2018
ISBN 978-3-7448-8516-4

ZWILLINGE - DAS MAGAZIN Ausgabe Sept./Okt. 2018 Nr. 34: 7,99 €, auch als E-Book für 5,99 €. BOD-Nr. 0013 499386

Bestellbar auf www. twins.de oder im Buchhandel - online & Laden.

- Schwangerschaft - Woche zu Woche
- Zwillingskissen mit Köpfchen
- Basteln für den Herbst
- Verwechslung im Kindergarten
- Aufräumen mal zwei
- Eltern-Überforderung
- Radfahren Nordsee

Liebe Leserin, lieber Leser,
liebe Zwillingseltern, liebe Drillingseltern,

es scheint erst einen Wimpernschlag entfernt, als ich Mutter von frühgeborenen Zwillingen wurde. Jetzt hat mich mein Zwilling Maximilian (der Erstgeborene) zur Oma gemacht. Am vergangenen Sonntag kam die Nachricht: „Josephine Marie ist da!" Wir saßen zufällig mit mehreren Familienmitgliedern beim Frühstück in einer Gastwirtschaft am Wörthsee und konnten auf diese Weise gleich anstoßen und uns zusammen freuen!

Hamburg – weit weg …

Viel habe ich nicht von der Schwangerschaft mitbekommen, da Max und meine Schwiegertochter Steffi in Hamburg leben. Und natürlich kommt es auch nicht gut an, wenn sich die zukünftige Oma mit schlauen Sprüchen einmischt … hab' ich aber auch nicht getan.

Jetzt aber drängt es mich, so bald wie möglich diese lästigen 800 Kilometer hinter mich zu bringen, um mein erstes Enkelkind bald in die Arme zu schließen. Ich stricke halt gegen die Sehnsucht an und hoffe, Jäckchen und Mützchen passen der kleinen Josephine.

Sinnvoll schenken: BabyBubu-Wiege

Und da ich weiß, was junge Eltern brauchen, habe ich den beiden eine Hängewiege von BabyBubu geschenkt - mit allem pipapo. So wird Josephine sich hoffentlich in den Schlaf schaukeln (lassen) und sich wohlfühlen wie ein Faultier (das Logo der Firma BabyBubu).

Das gibts im neuen ZWILLINGE

Natürlich habe ich „vorgearbeitet", um Euch/Ihnen auch im September ein neues Heft präsentieren zu können. Hier ist es und das steht drin: Ein Beitrag über das Durchschlafen auf Seite 20, weiter geht es mit der Vorstellung eines neuen Zwillingskissens, das mehr kann als nur Zwillinge beim Stillen zu unterstützen (Seite 17), es wird Herbst - wir basteln mit Kürbis und kochen Kürbiskompott (Seite 26), außerdem begleiten wir Zwillinge und Drillinge in den Kindergarten und in die Schule.

Viel Spaß beim Lesen – Ihre/Eure Marion von Gratkowski

Zu folgenden Bereichen/Themen suchen wir noch Beiträge:

- Schwangerschaft & Geburt
- Kaiserschnitt
- Stillen/Fläschchen füttern
- Schlaflose Nächte
- Umstellung auf feste Kost (Brei)
- Weihnachtsideen - Basteln, Beschäftigung, Draußen & Drinnen

- Streit, Konkurrenz, enge Verbindung
- Kindergartenstart
- Schule - Trennung oder nicht?
- Urlaubsideen für den Winter
- Rezepte für das Backen & Kochen mit Zwillingen

Wie Sie Ihre Beiträge schicken können, steht auf Seite 16.

Was finde ich jetzt wo, wenn es hier nicht mehr steht?

- Termine & Veranstaltungen finden Sie ab sofort auf unserer Internetseite www.twins.de
- Eine Übersicht über unser komplettes Buchprogramm finden Sie ebenfalls auf unserer Homepage unter www.twins.de
- Auch all die Hefte der bisherigen Zeitschrift, die man sich noch bestellen kann, sind unter www.twins.de zu finden.
- Neuerungen werden auch auf Facebook auf unserer Seite „zeitschrift zwillinge" oder im Blog www.zwillingemachenkriegenhaben.de bekannt gegeben.

Es lohnt sich also immer, auch einmal einen Blick auf unsere Homepage zu werfen oder einfach den newsletter auf www.twins.de zu abonnieren, da wir Sie dann immer einmal wieder mit unseren Neuerungen bekannt machen.

BEZUGSBEDINGUNGEN

- ZWILLINGE - DAS MAGAZIN löst unsere bisherige Zeitschrift ZWILLINGE ab.
- Erscheinungsweise: zweimonatlich.
- Erscheinungstermine sind: 26. November 2018, 28. Januar 2019, 25. März 2019, 27. Mai 2019 und 29. Juli 2019 (unter Vorbehalt) usw.
- Das Magazin kann einzeln oder im Abonnement bezogen werden.
- Einzelhefte kosten 7,99 Euro plus Porto 1,- Euro.
- Abonnements kosten 54,- € befristet auf 1 Jahr; 52,- € fortlaufend bis zur Kündigung eines Tages.
- Abonnements gelten fortlaufend und mindestens 1 Jahr = 6 Hefte.
- Die Kündigung muss schriftlich erfolgen per E-mail an info@twins. de oder per Brief (KEIN Einschreiben!!!) an unsere Adresse:
- ZWILLINGE, Postfach 40 11 11, D-86890 Landsberg am Lech.
- Unser Fax: 0049-(0)8344-809 95 40.
- Einzelhefte und Abonnements müssen vorausbezahlt werden.
- Unsere Bankverbindung: Hypovereinsbank Landsberg, Lutz von Gratkowski, IBAN: DE77 7202 0070 6110 3155 60, SWIFT-BIC: HYVEDEMM408
- Zahlung per Paypal geht in Verbindung mit unserer E-mail-Adresse. ABER: **Bitte Gebühren zu Ihren Lasten!**
- Alle Rechte für den Inhalt liegen bei Marion von Gratkowski, Verlag von Gratkowski, Postfach 40 11 11, D-86890 Landsberg.
- Unsere Internetpräsenz: www.twins. de, E-mail: info@twins.de
- Etwas unklar? Rufen Sie mich bitte an: Tel. 08344-809 95 39.

Briefe an die Redaktion

Eigentlich wollten wir die Rubrik „Leserbriefe" weglassen. Aber es wäre doch schade, wenn unsere Leserinnen und Leser keinen Beitrag mehr kommentieren dürften. Also - einigen wir uns darauf, nur zwei Seiten (statt bisher vier) zu veröffentlichen.

Im letzten Heft ZWILLINGE 33 haben wir ein praktisches „Essgeschirr" vorgestellt, mit dem die Raubtierfütterung bei Zwillingen erleichtert wird. Zwillingsmutter Svenja hat einen Kommentar auf unserem Blog www.zwillingemachenkriegenhaben.de hinterlassen.

Das hätte ich auch gern gehabt. Ich hatte zwei Raupen, denen es nicht schnell genug gehen konnte. Tolle Erfindung!!!

Das sagt die Redaktion dazu: Das praktische Fütterungsset bekommt man bei www.zwillingsburg.de. Annette Wulf, die das online-Shop betreibt, hat immer gute Ideen für Zwillingseltern - siehe auch Seite 17, wo wir das neue Zwillingskissen vorstellen.

Mit dem neuen Toilettentrainer von Rotho klappt das Sauberwerden bestimmt bald.

Sommerzeit - Töpfchenzeit hatten wir in ZWILLINGE - DAS MAGAZIN Nr. 33 empfohlen. Das klappt leider nicht immer, wie wir von Zwillingsmutter Petra erfahren.

Hallo ZWILLINGE, ich hab mir auch gedacht, dass ich es im Sommer mal mit dem Töpfchen probiere. Und dieser Sommer mit dem vielen guten Wetter war, beziehungsweise ist ja ideal. Mia und Lara haben nur leider nicht mitgemacht. Aufs Töpfchen hocken - ja, das war ein Spaß. Nur ist es nicht von Erfolg gekrönt gewesen. Die schöne Bescherung landete dann wieder in der Hose oder in der Windel.

Ich hatte fast das Gefühl, dass sich die

Immer eine Hand frei mit dem praktischen DoppelgläschenHalter „Perfect Feeder".

beiden gegen mich verschworen hatten. Ich nehme es mit Gelassenheit und habe das Sauberwerden auf einen späteren Zeitpunkt verschoben. Sie sind ja auch erst knapp zwei Jahre alt. Vielleicht klappt dann gleich das System mit dem Toilettensitz und der kleinen Treppe.

Trennung in Kindergarten & Schule - eines der beherrschendsten Themen, wenn die Anfangsproblemchen überwunden sind, findet Zwillingsmutter Christine W.
Viele Zwillingseltern machen sich Gedanken darum, ob sie ihre Zwillinge irgendwann in der Schule trennen sollen. Ich sehe das auch an Ihren Themen, die immer wieder um diese Frage kreisen.
Uns geht es da nicht anders. Auch wir haben uns damals Gedanken gemacht, denn unsere Zwillinge Franz und Korbinian konkurrieren stark miteinander. Nach der gemeinsamen Kindergartenzeit haben wir uns deshalb für getrennte Schulklassen

entschieden und Erfolg gehabt. Die verschiedenen Klassen haben viel Zündstoff aus der Beziehung der beiden genommen. Sie streiten wesentlich weniger. Allerdings kommt es zu einem regelrechten Redekrieg, wenn beide gleichzeitig Schulschluss haben. Jeder möchte erzählen, wie es war und was er erlebt hat.
Ich versuche dann, jedem zuzuhören, bzw. wir führen eine Redezeit ein, in der der andere auch zuhören und auch mal den Mund halten muss. Immerhin hat Franz früher gar nichts zu erzählen gehabt, weil der dominantere Korbinian alles bestimmt hat.
Danke für die vielen Anregungen auf diesem Gebiet. Man kann nicht genug andere Elternstimmen dazu hören, beziehungsweise lesen.

Das sagt die Redaktion dazu: Freut mich, wenn ZWILLINGE - DAS MAGAZIN dazu beitragen kann, dass Sie sich wohler fühlen mit der Entscheidung, die Jungs getrennt eingeschult zu haben. Auch in unserem Buch „Zwillinge in Krippe, Kindergarten & Schule" sind eine Menge Elternbeiträge enthalten.

Neue Beiträge gesucht

Und natürlich freuen wir uns über weitere Beiträge zum Thema. Schreibt einfach an info@twins.de

Für die Mühe können Sie sich ein Buch aus unserer Liste „Buch gegen Beitrag" aussuchen, die immer wieder unter www.twins.de aktualisiert wird.

Weniger Konkurrenz, mehr Selbstbewusstsein.

Statt natürliche Geburt ohne Medikamente: Kaiserschnitt

Zwillingsschwangerschaften verlaufen nicht zwangsläufig kompliziert. Und Zwillingsgeburten nicht immer einfach. Nicola hatte eine gute Schwangerschaft, doch die Geburt ohne Medikamente hat dann doch nicht geklappt. Nach Geburtsstillstand musste ein Kaiserschnitt gemacht werden.

Komischerweise hatte ich eine Vorahnung, dass ich Zwillinge bekommen würde. Sehr früh hatte ich Beschwerden, nämlich Rücken- und Unterleibsschmerzen, so dass ich zu meinem Freund scherzend sagte: Ich habe so ein starkes Ziehen in der Gebärmutter, sie wächst anscheinend so doll, bestimmt bekomme ich Zwillinge." Natürlich habe ich nicht eine einzige Sekunde lang auch nur annähernd daran geglaubt.

Zwillingsschwangerschaft - eher ein hartes Stück Arbeit.

Als ich dann in der neunten Woche beim ersten Ultraschall erfuhr, dass sich in meinem Bauch tatsächlich zwei Embryonen befinden, hat es mich fast umgehauen. Da ich aber sowieso zwei Kinder haben wollte, hat sich der Schreck schnell in Freude umgewandelt. Geblieben ist allerdings immer ein wenig Angst vor einer Frühgeburt.

Glücklicherweise verlief die Schwangerschaft jedoch komplikationslos, ich empfand sie aber als ein Stück harte Arbeit. Die ersten vier Monate war mir durchgehend übel - Tag und Nacht. Draußen bekam ich Schwächeanfälle und musste mich

sogar einmal auf die Straße setzen, weil ich nicht mehr weiter konnte. So blieb ich dann lieber zu Hause und lag mehr oder weniger nur noch auf dem Sofa, arbeiten gehen konnte ich überhaupt nicht mehr.

Statt arbeiten ging nur noch liegen auf dem Sofa ...

Im fünften Monat wurde es dann besser, ab dem 8. Monat machte mir der wachsende Bauch sehr zu schaffen. Ich konnte nachts schlecht schlafen, musste ständig auf die Toilette, da die Kinder auf die Blase drückten und eine angenehme Schlafposition konnte ich trotz zahlreicher Kissen nicht mehr finden.

Trotzdem kann man sagen, dass die Schwangerschaft vorbildlich verlief: keine vorzeitigen Wehen, der Muttermund blieb fest verschlossen bis zum Schluss und beide Kinder waren die ganze Zeit bestens versorgt und entwickelten sich gut, wie ich durch zahlreiche Ultraschalluntersuchungen und Dopplersonographien wusste.

In der 39. Woche platzte dann plötzlich die Fruchtblase und wir fuhren mit dem Krankenwagen ins Krankenhaus, da sich der Kopf des ersten Kindes noch nicht richtig eingestellt hatte.

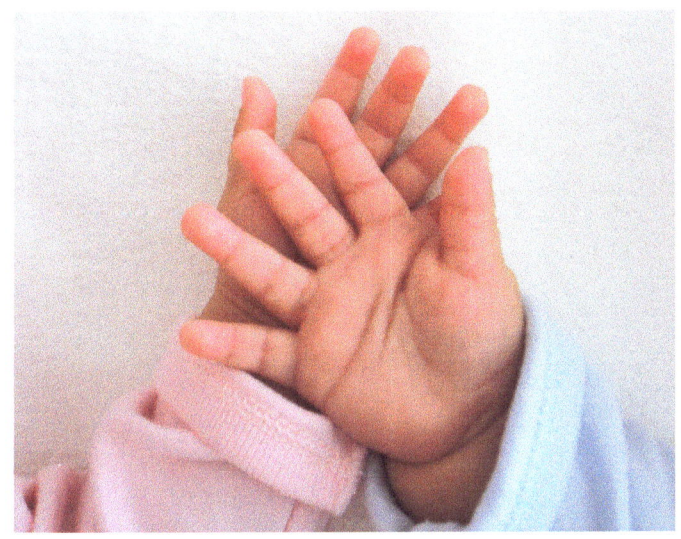

Wenn das kein Zeichen von tiefer Verbundenheit ist ... Zwillinge suchen einander kurz nach der Geburt.

Zuerst waren die Wehen noch gut auszuhalten, irgendwann kamen sie dann quasi ohne jede Pause und man riet mir zu einer PDA, da ich nicht nur völlig am Ende war, sondern weil die Babys durch die pausenlosen Wehen in Stress gerieten, zumal sich auch der Muttermund zu langsam öffnete.

Sicherheitshalber eine PDA.

Eigentlich hatte ich mir eine natürliche Geburt ohne Medikamente gewünscht, aber es kam dann alles anders. Relativ schnell habe ich der PDA zugestimmt und war dann auch darüber sehr dankbar, denn der Anästhesist hat sie perfekt gesetzt: die Schmerzen waren weg, aber ich konnte meine Beine noch bewegen und sogar Wasser lassen, was nicht immer der Fall ist, wie ich später von anderen Frauen gehört habe, bei denen die PDA nicht richtig gesetzt war.

Nach ungefährt zwei weiteren Stunden war der Muttermund vollständig geöffnet,

aber dann tat sich nichts mehr. Der Kopf des ersten Kindes rutschte nicht in den Geburtskanal, weil er sich quer eingestellt hatte. Die Hebamme riet mir zu verschiedenen Positionen: Vierfüßlerstand, aufrecht stehen, Becken kreisen, aber nichts half, auch keine homöopathischen Mittel oder Akupunktur.

Sechs Stunden Geburtsstillstand - dann Kaiserschnitt.

Nachdem dieser Geburtsstillstand sechs Stunden angedauert hatte, entschied der Oberarzt, dass ein Kaiserschnitt gemacht werden müsse. Dann ging auch alles sehr schnell. Die PDA wurde aufgefrischt, ein Blasenkatheter gelegt und da lag ich dann auf dem OP-Tisch, mein Freund durfte glücklicherweise dabei sein, und ich wusste, in fünf Minuten sehe ich endlich meine Kinder - ein unglaubliches Gefühl.

Meine Kinder - ein unglaubliches Gefühl!

Und tatsächlich hoben sie nach wenigen Minuten das erste Kind aus meinem Bauch, einen Jungen, und hielten ihn kurz über die hochgespannten Tücher, so dass ich ihn sehen konnte.

Eine Minute später kam dann das zweite Kind, ein Mädchen.

Sie wurden dann sofort untersucht und beide waren völlig gesund. Bjarne wog 2.510 Gramm und Luisa 2.770 Gramm. nach Beendigung der OP bekam ich dann beide - noch nackt ins Handtuch gewickelt - auf den Bauch, wo sich die Babys spontan an den Händen gefasst haben. Mein Freund und ich waren unendlich glücklich.

Ich blieb noch sechs Tage im Krankenhaus und möchte hiermit der Pulsklinik in Berlin en großes Lob aussprechen.

Optimale Betreuung im Krankenhaus

Die Betreuung während der Geburt und auf der Station war optimal. Die Schwestern und Hebammen haben mich sehr beim Stillen unterstützt, sie waren unglaublich freundlich und hilfsbereit. Ich kann also jeder werdenden Zwillingsmutter in Berlin die Pulsklinik wärmstens empfehlen.

(Nicola E.)

Pärchenzwillinge arbeiten auch Hand in Hand ... hier werden Blümchen gepflückt, die eigentlich gar nicht gepflückt werden sollten ...

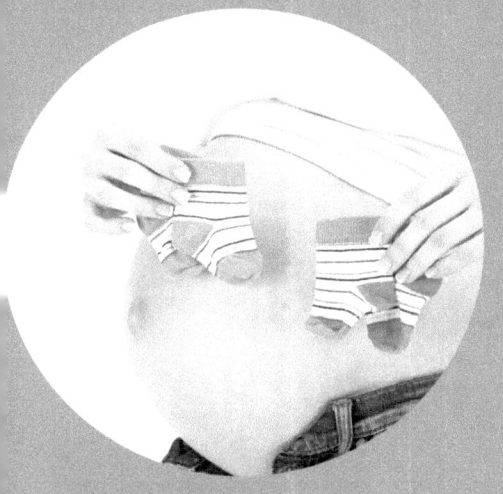

GEBURTSVORBEREITUNG FÜR ZWILLINGSSCHWANGERE

IN BERLIN

INHALT

- Wahl des Geburtsortes
- Erstausstattung
- Geburtsverlauf, Geburtspositionen
- Natürliche Geburt / Kaiserschnitt / BEL
- Informationen über Klinikroutinen
- Bindung vor und nach der Geburt
- Stillvorbereitung
- Die ersten Tage mit Zwillingen / Wochenbett
- Unterstützungsmöglichkeiten
- Frühchen
- Austausch und individuelle Fragen

PRAKTISCHE ÜBUNGEN

Atem- und Entspannungsübungen
Körperarbeit, Masssagen
Gedanken-/Geburtsreise
Schulung der Körperwahrnehmung

INFORMATIONEN

Wann:
Nächster Termin:
06. und 07.10.2018

Wo:
Stubenrauchstrasse 5
12161 Berlin

Wieviel:
Gesetzlichversicherte: keine*
Privatversicherte: 163,20 €
Partner: 120 € **

* Der Kostenanteil für Schwangere wird durch Teilnahmebestätigung direkt mit der Krankenkasse abgerechnet.
**Der Partneranteil wird von einigen Krankenkassen erstattet.

Wer:
Jana Friedrich (Hebamme)
Inga Sarrazin (Zwillingsmutter und Stillberaterin (AFS)

Wie:
jana@hebammenblog.de
inga.sarrazin@maternita.de

Was:
Versichertenkarte
gemütliche Kleidung
Partner

Zwillingsschwanger-schaft ... Woche für Woche - ein „Fahrplan"

Was ist eigentlich los in meinem Bauch? Kate Phillipa Clark hat eine Art Fahrplan zusammengestellt und auf ihrem Blog „about-twins" veröffentlicht.

Ach, hätte unser Bauch doch ein Fenster, dann wüssten wir, wie sich unsere Babys entwickeln, ob es den Zwillingen gut geht und ob sie sich termingerecht entwickeln.

Kate Phillipa Clark, die das Blog „about-twins" betreibt, hat zusammengestellt, was sich Woche für Woche tut. Eine Art Fahrplan für Zwillingsschwangerschaften.

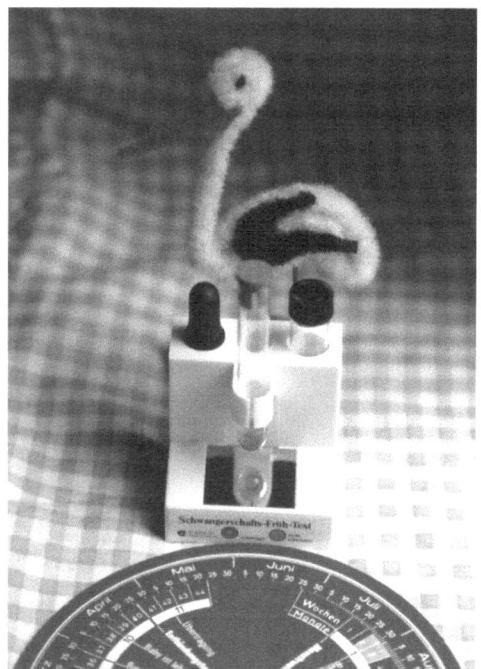

Woche 4: Du hast den Verdacht, dass Du Zwillinge erwartest? Jetzt solltest Du erste Informationen einholen über die unterschiedlichen Arten von Zwillingen. Nicht nur über eineiige und zweieiige, sondern auch über die Sonderformen, bei denen sich eineiige Zwillinge zum Beispiel eine Fruchthülle teilen.

Woche 5: Jetzt können Deine Zwillinge bereits festgestellt werden, denn das Schwangerschaftshormon HCG wird bei einer Zwillingsschwangerschaft vermehrt produziert und kann deshalb mit einem Schwangerschaftstest nachgewiesen werden.

Am Anfang stand der Schwangerschaftstest, der bei einer Zwillingsschwangerschaft früher „positiv" anzeigen kann. Woran liegt's? Am Schwangerschaftshormon HCG (HCG ist die Abkürzung für das komplizierte Wort „Humanes Choriongonadotropin"), das schon früh deutlich erhöht ist.

Woche 6: Deine Zwillinge entwickeln sich rasend schnell. Gerade diese Wochen sind besonders empfindlich für negative Einflüsse, die durch den Konsum von Alkohol, Medikamenten und Rauchen entstehen könnten. Hör' am besten auf damit.

Woche 7: Spätestens jetzt spürst Du, dass Du schwanger bist. Die Symptome eienr Schwangerschaft nehmen ebenso rasant zu wie Deine Babys.

Woche 8: Beim ersten Ultraschall wirst Du schon zwei kleine Wesen sehen - Kopf, Arme und Beine sind schon auszumachen.

Woche 9: Die Organe Deiner Zwillinge haben sich entwickelt und Du bemerkst vielleicht schon eine erste Gewichtszunahme.

Woche 10: Du bemerkst vielleicht, dass Du Probleme mit Deinem Magen hast. Einerseits hängt das mit der vermehrten Hormonproduktion zusammen, andererseits könnte die Gebärmutter, die sich ausdehnt, auf Deine Verdauungsorgane drücken.

Woche 11: Bei Deinen Babys entwickeln sich die kleinen Gesichter mehr und mehr. Ohren, Nase, Mund und Augen nehmen immer mehr Form an. Und Du hast vielleicht zum ersten Mal Probleme mit Übelkeit.

Woche 12: Jetzt sind Deine Babys fast vollständig entwickelt. Ein weiterer Ultraschall bringt Gewissheit, dass alles gut läuft.

Woche 13: Jetzt beginnt das zweite Trimester Deiner Schwangerschaft. Deine Hormonproduktion läuft auf vollen Touren und Deine Plazenta/Deine Plazentas nehmen ihre volle Arbeit auf, um die Babys zu versorgen.

Woche 14: Deine Babys können bereits mit den Händen greifen und die kleinen Beinchen strampeln. Du wirst noch nichts merken. Die meisten Frauen spüren die ersten Kindsbewegungen in der 16. bis 22. Schwangerschaftswoche.

Woche 15: Die Haut Deiner Babys ist mit Haaren bedeckt - das sind die sogenannten Lanugo-Haare, die die Haut schützen und vor der Geburt meist vollständig abgestoßen werden.

Woche 16: Jetzt spürst Du bald die Bewegungen Deiner Babys. Es hängt ein bisschen von der Lage der Kinder und von der Plazenta ab.

Woche 17: Jetzt sind Deine Zwillinge zeitweise schon ganz schön aktiv. Sie können regelrechte Purzelbäume schlagen - vorwärts und rückwärts. Damit sie genug Platz haben, wächst Dein Bauch. Erstmals wird er auch für andere sichtbar.

Woche 18: Jetzt beginnen die Talgdrüsen der Haut Deiner Babys zu arbeiten. Die „Käseschmiere", die produziert wird, schützt die Haut Deiner Babys.

Woche 19: Ein weiterer Ultraschall kann jetzt Auskunft darüber geben, ob sich Deine Babys weiterhin gut entwickeln. Vielleicht kann man auch schon das Geschlecht Deiner Zwillinge erkennen.

Woche 20: Jetzt bist Du in der zweiten Schwangerschaftshälfte. Vielleicht drückt sich Dein Bauchnabel nach außen, weil Dein Bausch rasant wächst?

Woche 21: Bereits jetzt arbeiten die Nieren Deiner Zwillinge und auch die Ausscheidungsorgane. Die Gebärmutter braucht immer mehr Platz und vielleicht hast Du Sodbrennen.

Woche 22: Deine Babys können schon hören. Sie hören Deine Stimme und andere Außengeräusche.

Woche 23: Du könntest erste Kontraktionen Deiner Gebärmutter spüren. Keine Angst. Das ist normalerweise nur etwas Training und nicht geburtswirksam.

Woche 24: Jetzt können Wassereinlagerungen auftreten. Solange die Schwellungen keine extremen Ausmaße annehmen, ist alles in Ordnung. Leg einfach die Beine hoch, so oft Du kannst. Sprich es trotzdem sicherheitshalber beim Arzt an.

Woche 25: Alle wichtigen Organe Deiner Babys bis auf die Lungen sind bereits funktionsfähig. Der enorme Fortschritt in der Medizin macht es möglich, dass Deine Babys jetzt schon überleben könnten, wenn sie jetzt geboren würden.

Woche 26: Gehst Du noch zur Arbeit? Wenn es Dir sehr schwer fällt, versuche, ein Beschäftigungsverbot zu bekommen. Dein Arzt kann ein Attest ausstellen.

Woche 27: Deine Zwillinge wiegen vielleicht etwas weniger als ein gleichaltriges einzelnes Kind. Kein Grund zur Besorgnis. Es ist normal, dass Zwillinge kleiner und leichtgewichtiger sind, wenn sie geboren werden. Natürlich gibt es auch immer wieder Ausnahmen.

Woche 28: Das letzte Geheimnis einer Schwangerschaft ist immer noch nicht gelüftet. Babys sind zu diesem Zeitpunkt weit mehr entwickelt, als man denkt.

Woche 29: Jetzt bist Du im letzten Schwangerschaftsdrittel. Die Bewegungen Deiner Zwillinge spürst Du täglich. Manchmal denkt man, dass die Bewegungen weniger werden. Sprich mit Deinem Arzt, wenn es Dir Sorgen macht.

Woche 30: Die Lungen Deiner Zwillinge sind fast fertig. Die Babys machen jetzt Atemübungen und haben auch immer wieder Schluckauf.

Woche 31: Deine Babys können jetzt hell und dunkel unterscheiden, sie können hören und schmecken. Du hast vielleicht das Gefühl, dass zu wenig Platz in Deinem Bauch ist.

Woche 32: Deine Babys haben Schlaf- und Wachphasen. Zwillinge wecken sich natürlich auch gegenseitig auf, wenn sie sich im Mutterleib bewegen. Besonders aktiv scheinen sie in den Nachtstunden zu sein - aber das ist auch bei Einlingsbabys der Fall.

Woche 33: Die Zwillinge üben das Saugen im Mutterleib. Sie nuckeln an ihren eigenen Fingern und auch an den Zehen. Der Platz im Bauch wird jetzt wirklich eng.

Woche 34: Jetzt müssen Deine Babys nur noch an Gewicht zulegen. Viele Zwillinge kommen zu früh auf die Welt. Deshalb sollte Deine Schwangerschaft in dieser Phase gut überwacht werden.

Woche 35: Zwillinge, die in dieser SSW geboren werden, brauchen möglicherweise keine besondere neonatologische Behandlung.

Woche 38: Wenn Deine Zwillinge heute geboren würden, wären sie genau termingerecht.

Woche 39: Die Knochen Deiner Babys sind immer noch sehr weich. Das hilft, wenn sie durch den engen Geburtskanal müssen.

Woche 40: Jetzt dürfen Deine Babys wirklich geboren werden. Vielleicht haben Dir Deine Ärzte zu einem Kaiserschnitt geraten. Es gibt zahlreiche Gründe, warum bei Zwillingen ein Kaiserschnitt sinnvoll ist. Wenn Du Dir eine Klinik mit viel Erfahrung ausgesucht hast, kannst Du Deinen Ärzten trauen.

Auf jeden Fall wünsche ich Dir alles Gute für die Geburt Deiner Zwillinge - Kate Phillipa Clark

Mehr Infos und Themen, allerdings nur auf Englisch finden Sie unter

www.about-twins.com

Trotzdem ist eine Frühgeburt niemals wünschenswert.

Woche 36: In dieser Woche ist bei vielen Babys die Lungenreife kein Problem mehr. Sicherheitshalber kann ein Medikament zur schnelleren Lungenreife gespritzt werden.

Woche 37: Jetzt reicht es Dir langsam, schwanger zu sein. Dein Körper ist müde, Du platzt fast, kannst nur noch schlecht schlafen und kleinste Portionen essen ... Halte durch, nur noch eine Woche - danach gelten Deine Zwillinge als termingerecht geboren, wenn sie in Woche 38 geboren würden.

Unsere Covergirls vom September

Rana (links) und Sena haben sich eigentlich auf unseren Aufruf für ein sommerliches Coverfoto beworben. Aber die eineiigen Zwillingsmädchen aus Hamburg sehen nicht nur im Sommer süß aus ... deshalb sind sie auf diesem Titel zu sehen. Sena (links auf dem Titel) und Rana sind vier Jahre alt und verstehen sich sehr gut. Damit sie sich nicht streiten, werden auch alle Spiel- und Anziehsachen doppelt gekauft. Beide sind unzertrennlich. Rana übernimmt aber ganz oft die Mutterrolle ;-)

ZWILLINGE *das Magazin* - Die Mitmach-Zeitschrift für Zwillings- & Drillingseltern

So können Sie sich mit Beiträgen an ZWILLINGE *das Magazin* beteiligen: In fast 30 Jahren haben wir immer wieder festgestellt, dass die wahren Experten für Zwillings- und Drillingsthemen die Eltern sind. Viele Eltern haben darüber hinaus eine Qualifikation, die sie dazu prädestiniert, ihre Alltagserfahrungen mit anderen zu teilen. Sie sind selbst Erzieher, Lehrer oder Ärzte ... Erzieherinnen, Lehrerinnen oder Ärztinnen. Aber auch, wenn Sie ganz einfach „nur" Zwillings- und Drillingseltern sind - Ihre Erfahrungen, die Sie machen, sind von so unschätzbarem Wert für andere, für neue und werdende Eltern, dass sie unbedingt zu Papier gebracht werden sollten. Deshalb scheuen Sie sich nicht, uns zu schreiben und einen Beitrag zu irgendeiner Situation aus Ihren Leben mit mehreren gleichaltrigen Kindern zu schicken. Ihre Erfahrungen und vor allem Ihre Tipps und guten Ideen sind gefragt.

Und so geht's: Sie schreiben - wie Ihnen der „Schnabel gewachsen" ist. Dies hier ist kein Aufsatzwettbewerb. Unsere Redaktion bearbeitet Ihren Beitrag, macht die Überschrift dazu, das Layout und formuliert die Bildunterschriften und die Zwischenüberschriften.

Ihr Beitrag sollte im Format .doc oder .docx, in „word" oder einem anderen, gängigen Schreibprogramm bei uns ankommen. Gern aber auch einfach direkt in der E-mail formuliert. Sie können Ihre Beiträge per E-mail senden an info@twins.de.

Wir nehmen aber nachwievor auch handschriftliche Beiträge, die ganz einfach per Post kommen. Unsere Adresse: ZWILLINGE, Postfach 40 11 11, D-86890 Landsberg. Schicken Sie uns auch Ihre Fotos mit. Am besten sind ganz normale Familienfotos, wie man sie mit jeder Digicam oder einem Handy machen kann. Um die entsprechend hohe Auflösung und die Druckfähigkeit kümmert sich unsere Redaktion. Und wenn Sie uns einen großen Gefallen tun wollen: benennen Sie Ihre Fotos mit denjenigen, die darauf zu sehen sind - also zum Beispiel MaxConnySpielplatz.jpg.

Wir belohnen es, wenn Sie uns einen Beitrag schicken:
Suchen Sie sich ein Buch aus

Und was bekommen Sie für Ihren Beitrag? In erster Linie natürlich helfen Sie anderen Zwillingseltern, die vielleicht noch ganz am Anfang stehen, mit ihren wertvollen Erfahrungen. Zweitens macht es auch einfach Spaß, über die eigene Familie zu schreiben und die eigenen Zwillinge in unserer kleinen Zeitschrift zu sehen.

Allerdings veröffentlichen wir Ihren Beitrag in der neuen Machart unserer Zeitschrift nicht mehr unter vollem Namen, es sei denn Sie wünschen das ausdrücklich. Der Hintergrund dafür ist, dass das neue ZWILLINGE - DAS MAGAZIN dadurch, dass es auch auf online-Portalen angeboten wird, einem größeren Leserkreis angeboten wird. Natürlich werden sich am ehesten betroffene Zwillings- und Drillingseltern für ZWILLINGE interessieren. Dennoch möchten wir jeglichem Missbrauch vorbeugen.

Übrigens: Wer einen Beitrag für unser Magazin schreibt, erhält ein Exemplar des betreffenden Magazins gratis (zur Erinnerung) oder kann sich ein Buch aus unserem Programm aussuchen.

Dann kann's ja losgehen ... wir freuen uns und sind gespannt.

Zwillingskissen - das Kissen mit Köpfchen

Immer auf der Suche nach neuen Produkten, hat Zwillingsmutter Annette Wulf ein Zwillingskissen entwickelt, das weit mehr kann, also nur beim Stillen zu helfen. Zusätzliche Funktionen sind zum Beispiel: Lagerungskissen für die Mama, Lagerungskissen für die Zwillinge in Bauchlage, Kissen, das die Zwillinge bei ihren ersten Sitzversuchen stützt und vieles mehr ...

Zusatznutzen garantiert: das Zwillingskissen mit Köpfchen

„Ein Kissen für Zwillinge muss doch viel mehr können, als nur das Stillen von Zwillingen erleichtern", dachte sich Annette Wulf, die als Zwillingsmutter und Inhaberin des online-Shops Zwillingsburg immer auf der Suche nach neuen, innovativen Ideen ist.

Jetzt hat sie dieses Kissen entwickelt und in Auftrag gegeben.
Mehr dazu ab Seite 18 ...

Unsere Buch-Zwillinge zum Thema „Zwillinge & Drillinge stillen"

Seit vielen Jahren zählt Susanne Wittmairs Buch „Zwillinge stillen" zu den Standardwerken für Zwillings- und Drillingsmütter. Jetzt hat es eine Ergänzung bekommen: das neue Stillbuch von Inga Sarrazin, das Zwillingsmütter direkter anspricht und auch Blankoseiten für ein kleines, eigenes Still-Tagebuch enthält.

Beide Bücher gibt es im Buchhandel und auch unter www.twins.de - bei uns sogar in einem kleinen Sonderangebot - weil wir ein neues Heft ZWILLINGE - DAS MAGAZIN gratis mitschicken.

Ab September kann man das neue Zwillingskissen mit den vielen Möglichkeiten direkt unter

www.zwillingsburg.de

bestellen.

Und das sind die Vorzüge des neuen Zwillingskissens:

- Noch nie war Stillen, Füttern und Lagern von Zwillingsbabys so einfach. Mit dem Zwillingskissen haben Sie beide im Griff! Das macht das Kissen mit Köpfchen aus.

- Das Zwillingskissen gibt schon Neugeborenen dank Köpfchenkissen extra Halt.

- Das Zwillingskissen eignet sich auch super für Babys, die Bauchlage lieben.

- Mit dem Clipverschluss wird aus dem Zwillingskissen ein Nest für zwei, das hält.

- Größere Babys sitzen gemeinsam stabil im Zwillingskissen - nah beieinander und doch jedes für sich. Traute Zeit zu zweit ...

- Das extra große Zwillingskissen ist aber auch ideal zum sanften Wiegen nur eines Kindes.

- Und man kann es schon in der Schwangerschaft benutzen. Endlich gut schlafen in der Schwangerschaft - das Zwillingskissen stützt hervorragend in der Seitenlage.

- Praktisch: Ein Kissen mit zwei Seiten - kuscheliges, warmes Fleece oder natürliche, reine Baumwolle? Ihre Babys entscheiden - von Anfang an!

Das Zwillingskissen ist anders und bietet mehr Einsatzmöglichkeiten als ein herkömmliches Stillkissen:

- passgenau: extra geformt für zwei Babys;
- umfangreich: größer als herkömmliche Stillkissen;
- stützend: verschiebbare Kissen geben den Köpfchen besonderen Halt;
- vielseitig: von der Schwangerschaft bis zu Kleinkindern;
- schnell enthüllt: extra langer Reißverschluss zum einfachen Wechsel des Bezugs;
- hygienisch: Kissenhülle und Innenkissen waschbar;
- bequem: ideal in der Schwangerschaft zum Schlafen in Seitenlage;
- zweiseitig: Winter- und Sommerseite;
- fixiert: verrutscht nicht dank Clipverschluss zum Zusammenzurren;
- ökologisch: nach Öko-Tex Standard 100 zertifiziert.

1 *Schon kleine (neugeborene) Zwillinge fühlen sich im Lagerungskissen wohl ...*

2 *Auch Fläschchenfüttern ist einfacher ... (oben)*

3 *Perfekt abgestützt für den ersten Brei ... (links)*

4 *Bauchlage trainieren - mit dem neuen Kissen bestens abgestützt ... (rechts)*

5 *Sitzen üben - auch das geht mit dem neuen Kissen ... (links)*

Schnelle Tipps & gute Ideen für Zwillinge

Zwillings- und Drillingseltern müssen vor allem praktisch denken. Deshalb haben sie Tipps und Ideen auf Lager, die wirklich hilfreich sind. Anwendung der Tipps hier stets auf eigene Gefahr. Haben Sie auch einen Vorschlag, der auf diese Seite passt? Her damit! **Unsere E-mail: info@twins.de**

Wie beschäftigt man Zwillinge? Eigentlich ganz einfach - da sie zu zweit sind, können sie schon als ganz kleine Babys miteinanderspielen. Zwillingsmutter Ilka gibt noch einen großen Luftballon dazu und schon geht's los.

Einfach, aber wirksam. Ein Luftballon, der an einem Gummiband von der Decke hängt. Am Anfang wurde

er bestaunt. Dann kam man beim Strampeln aus Versehen dran ... und ab da war kein Halten mehr. Maximilian links und Ronan rechts haben sich köstlich mit dem Ballon amüsiert. Auf den Fotos sind sie etwa 5,5 Monate alt.

Kann man Fläschchen nicht auch vorbereiten? Oder muss man aus Hygienegründen immer alle Säuglingsnahrung frisch zubereiten? Nicole G. schickt Fotos und schreibt uns dazu.

Bei uns sah es immer aus wie in einer Säuglingsküche im Krankenhaus. Da werden ja auch etliche Portionen Milchnahrung vorbereitet und nicht jedes Fläschchen

Maximilian (links) und Zwillingsbruder Ronan konnten sich am Luftballon eine ganze Zeit lang begeistern. Kleine Ursache - große Wirkung.

Seite 20 ZWILLINGE 34

Die Milch-Bar ist geöffnet. So schaut's aus, wenn für die Zwillinge alles vorbereitet ist.

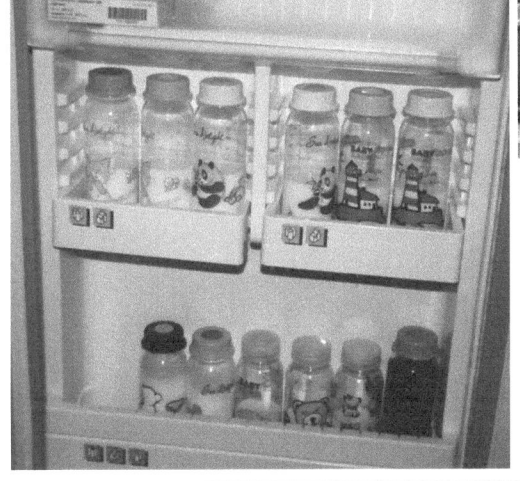

extra gekocht. Wir hatten immer eine ganze Batterie Fläschchen fertig zubereitet im Kühlschrank. Und auch die gesäuberten leeren Fläschchen und die dazugehörigen Sauger waren bei uns immer in einer Art Milchbar präsent. So mussten man nur noch schnell zugreifen und es gab keine Wartezeiten für unsere Zwillinge Coralie und Malin.

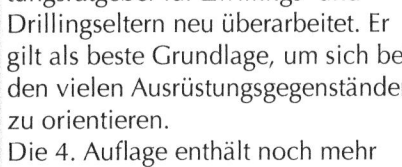

So schlafen unsere Zwillinge durch

Wie und wo schlafen Zwillinge am besten? In einem gemeinsamen Bett? In einem gemeinsamen Zimmer? Brauchen sie sich nachts oder brauchen sie mehr Ruhe? Zwillingsmutter Claudia hat es ausprobiert und gemerkt, dass ihre Zwillingsjungs besser schlafen, wenn sie getrennt sind. In getrennten Zimmern.

Heute komme ich dazu, etwas zu schreiben, bevor wieder eines meiner vier Kinder nach seiner Mutti schreit. Ich möchte heute meine Erfahrungen zum Thema „Durchschlafen" weitergeben. Durchschlafen ist ja eines der wichtigsten Themen bei Zwillingen.

Schlaftraining, so wie es in manchen Büchern empfohlen wird, ist nichts für uns. Mir kommt so ein Training fast vor wie bei der Bundeswehr ...

Brauchen Zwillinge nachts die gegenseitige Nähe?

Inzwischen schlafen unsere Kleinen, die Zwillinge Jakob und Janis, meistens durch, wenn sie nicht gerade krank sind oder vom Zahnen geplagt werden. Aber ich kann mich natürlich an die schlimmen Nächte der ersten Monate sehr gut erinnern.

Wir hatten unsere beiden von Anfang an in einem gemeinsamen Zimmer, da ich gelesen hatte, dass dies für die Entwicklung von Zwillingen wichtig sei. Da wurde sogar empfohlen, dass man sie in einem Bett schlafen lassen sollte.

Dies klappte bei unseren Zwillingen schon überhaupt gar nicht. Also bekam jeder von Anfang an sein eigenes Bett.

Aber auch mit eigenem Bett störten sie sich gegenseitig. Wenn einer endlich schlief, wurde er kurze Zeit später wieder von anderen geweckt. An meinen eigenen Schlaf war auch gar nicht zu denken, da ich versuchte, schon immer im Zimmer der Zwillinge zu sein, bevor sich einer der beiden richtig in Rage geschrieen hätte.

Als mittlerweise unsere gesamte Familie nervlich am Ende war, ließ ich kurzerhand einen der beiden die ganze Nacht über im Wohnzimmer und merkte bald, dass die Nächte wesentlich ruhiger verliefen, wenn Jakob und Janis in getrennten Zimmern schliefen.

Dies war natürlich kein optimaler Dauerzustand und wir überlegten, wie wir die Zimmer tauschen könnten, um die Zwillinge in getrennten Zimmern unterzubringen. Die Betten mussten wandern - ganz klar.

Das große Zimmertauschen und Bettenrücken begann ...

Nun schlafen Jakob und Janis - seit sie etwa zehn Monate alt sind - in getrennten Zimmern und ich bedauere im Nachhinein, dass ich nicht früher auf die Idee gekommen bin, sie zu trennen. Dies

Janis (links) und Jakob brauchen sich tagsüber. Aber nachts? Da schlafen sie lieber in getrennten Zimmern.

hätte mir viele Tränen der Erschöpfung gespart.

Tagsüber sind Jakob und Janis die dicksten Kumpel und jammern, wenn einer ohne den anderen ist, weil der zum Beispiel noch schläft.

Sicher ist es räumlich nicht immer möglich, Zwillingen zwei getrennte Zimmer zu geben und es ist auch angenehmer und preiswerter, nur einen Schrank und nur eine Wickelkommode zu haben.

Irgendwann hoffe ich auch, dass die beiden wieder zusammen in einem Zimmer schlafen (es sind doch Zwillinge!), aber im Moment ist es so das Beste für die ganze Familie. (Claudia M.)

Herbstidee: Wir basteln uns eine Laterne

Wie beschäftigt man Zwillinge und Drillinge möglichst sinnvoll, wenn sie nicht nach draußen können - zum Beispiel, weil es stark regnet, was ja im Herbst keine Seltenheit ist. Gemeinsames Basteln ist immer noch die beste Idee. Zwillingsmutter Natalie hat Laternen gebastelt. Für Kinder ab 4.

Was wir dazu brauchen:

Schere, Stift, Kleber, Wellpappe, Tonkarton, Transparentpapier, Federn, Kulleraugen, Transparentpapier, Luftballon, Laternendraht, Tapetenkleister, Tonpapier, Zeitungen

Und so geht's:

Papageienlaterne: Im Handel gibt es vorgefertigte Laternenzuschnitte. Sie können aber auch nach dieser Anleitung loslegen. Die Grundform von zwei Kreisen, die dann mit einem Mittelsteg verbunden werden, muss vorgezeichnet und ausgeschnitten werden.

Das Innere der Kreise wird ausgeschnitten, so dass Transparentpapier in die so entstandenen Fenster hineingeklebt werden kann. Dann kann die Grundform mit dem bereits zugeschnittenen Steg (ca. 8 cm breit) verschlossen werden. Unten werden drei Löcher gestanzt, um Federn hindurch zu stecken. Auf einen weiteren kleinen ausgeschnittenen Kreis werden ein ausgeschnittener Schnabel und die Kulleraugen geklebt. Auch auf die Rückseite werden Federn geklebt. Der zweite kleine Kreis (für den Kopf), der ausgeschnitten wurde, wird auf die Rückseite geklebt, so dass die Federn dazwischen verschwinden und auch von hinten abgedeckt sind. Fertig ist der Papagei.

Monsterlaterne: Oder Sie gestalten eine kleine Monsterlaterne. Hierzu wird Tapetenkleister angerührt und ein aufgeblasener Luftballon mit Kleister und zerrissenem Transparentpapier beklebt. Das Papier muss mehrlagig auf den Luftballon aufgeklebt werden

Domenik (links) und Marc sind leidenschaftliche Bastler und Maler. Mama Natalie hat ein Buch mit Anregungen zusammengestellt.

Die lustigen Papageien-laternen sind bestimmt ein Blickfang auf dem Sankt-Martins-Umzug. Man könnte sie aber auch als Beleuchtung für eine spät-sommerliche Grillparty verwenden.

und trocknen. Wenn das Papier getrocknet ist, kann der Luftballon in „Monsterfarbe" angemalt werden. Am getrockneten Ballon wird nun oben eine Kappe abgeschnitten, so dass ein Loch entsteht. Hier kann später links und rechts daneben der Laternendraht befestigt werden. Für die Arme und Beine des Monsters werden Hexentreppen aus Tonpapier gestaltet. Hierzu nimmt man zwei Tonpapierstreifen, verklebt diese an den Enden zu einem L und knickt die Streifen immer wieder abwechselnd um, bis eine Treppe entsteht. Diese Hexentreppen werden an den Körper geklebt. Füße und Hände werden aus Tonpapier ausgeschnitten und ebenfalls an die Hexentreppen geklebt. Das Monster bekommt einen schwarzen Mund aufgemalt und die Ohren werden als Dreiecke ausgeschnitten und dann an die Öffnung oben rechts und links angeklebt. Nun bekommt das Monster noch ein Gesicht (Nase und Augen) aus Tonpapier gestaltet.

Zwillinge beschäftigen

Noch viele weitere gute Ideen für Zwillinge und Drillinge von 3 bis 6 enthält Natalie Schmitz' Buch „Zwillinge - fit für die Schule", ISBN 978-3-927058-30-9, 22,90 Euro, im Buchhandel und unter www.twins.de

Herbstzeit: Jetzt kommt der Kürbis dran

Zwillingsmutter Franziska hat immer gute Ideen, wenn es daraum geht, ihre Zwillinge Sören und Emil zu beschäftigen. Auch der große Bruder Björn macht gerne mit. Diesmal haben sich die vier vorgenommen, einen Kürbis für Halloweeen herzurichten. Und Kompott gibt's auch noch.

Heute bereiten wir unseren Halloween-Kürbis vor, denn das ist unser alljährlicher Bastelspaß im Herbst.

Den Kürbis auszuhöhlen macht uns dabei am meisten Spaß - unsere Mama hilft uns natürlich dabei, denn der Umgang mit den scharfen Messern ist doch noch nix für unsere kleinen Hände.

Und so läuft das dann: Mama schneidet die einzelnen Stücke im Inneren des großes Kürbisses. Und alles, was Mama abgeschnitten hat, dürfen wir rausnehmen. Wir machen jedes Mal ne richtige kleine Küchenschlacht draus ...

Und was wir aus dem dicken Kürbis rausgeholt haben, wird anschließend von unserer Mama aussortiert in Teile, die man noch brauchen kann. Das Fruchtfleisch schneidet unsere Mama klein und kocht dann davon ein leckeres Kürbis Kompott.

Das Kompott schmeckt uns super und auch der Papa sagt: „Mmmh, das macht die Mama ja immer so lecker!"

Und dann ist es endlich dunkel draußen und unsere Grusel-Stunde kann beginnen. Wir tragen den ausgehöhlten Kürbis nach draußen und suchen ihm ein schönes Plätzchen bei unserem Gartenzaun, damit ihn auch jeder sieht und sich erschreckt.

Jetzt muss er nur noch von Innen beleuchtet werden. Die Mama hat da aber auch die Sicherheit immer im Blick und deshalb stellt sie keine Kerze mehr in den Kürbis, sondern legt einen kleinen LED-Lichtschlauch in den Kürbis. Das sieht auch ganz toll aus und richtig schön gruselig ...

Und das Rezept für das Kürbiskompott ist auch ganz einfach:

- Kürbis klein schneiden in schöne kleine Stücke;
- in einen Topf geben und mit Wasser bedecken;
- zum Kochen bringen und noch einen halben Liter Essig mit 5 Prozent drauf geben;
- und natürlich reichlich Zucker drauf;
- dann abschmecken und nach Bedarf noch nachwürzen mit Essig oder mit Zucker;
- noch etwas Zimt dazu gibt eine schöne Note;
- einige Minuten kochen lassen, so dass die Stückchen weich und nach Geschmack gut sind;
- heiß in Schraubgläser füllen und diese auf den Kopf stellen;
- Abkühlen lassen und fertig.

Guten Appetit wünschen Euch
Sören und Emil

Mit dem Messer darf nur die Mama ran. Die Zwillinge Emil und Sören dürfen den Kürbis dann aushöhlen. Das macht auch Spaß.

Jetzt brauchen wir nur noch einen geeigneten Platz, wo wir unser Kürbismonster für alle gut sichtbar aufstellen können.

Ganz schön schrecklich: Wenn's draußen dunkel wird ... sieht der Kürbis richtig furchterregend aus

Geburtstag: Basteln macht immer Spaß

Wenn die Zwillinge Nora und Fabian Geburtstag haben, legt sich ihre Mutter Cornelia schwer ins Zeug. Da sich Nora für Pferde und das Reiten interessiert, wird meist ein Pferde-Event geplant. Zwillingsbruder Fabian steht auf Fußball. Auch da wird entsprechend geplant.

Als wir einen **Pferdegeburtstag** geplant hatten, haben wir für die Kinder Steckenpferde gebastelt. Hier seht Ihr Noras Haflinger und Fabians Rappen.

Ich habe die Pferde nicht nur geleimt, sondern auch noch alles genäht. Natürlich wollten die Zwillinge an den Bastelarbeiten beteiligt werden. Aber die Hauptarbeit mit dem Besenstil usw. müssen dann doch die Erwachsenen machen. Nora und Fabian haben dann nur

noch die Kordel gedreht und befestigt (Ring und Glocke waren schon dran).

Damit waren viele Gäste, (die natürlich beim Basteln mitgemacht haben, denn das war das besondere „Geburtstags-Bastelevent"), schon am Rande ihres Könnens. Da Fabians und Noras Pferdchen schon fertig waren, halfen sie den anderen Kindern bei der Kordel.

Im nahegelegenen Park hat Nora dann mit Holz und Karton einen Parcours ausgelegt und es gab ein Pferdequiz (das ich noch vorlesen musste, da die Gäste am Anfang der ersten Schulklasse waren und noch nicht selbst lesen konnten). Für die Antworten habe ich mit Farben Kästchen gemacht.

Im Jahr darauf haben wir mit den Kindern **Traumfänger** gebastelt. Hier habe ich die Metallbögen umwickelt und das Geflecht soweit vorbereitet, dass die Kinder selbst wei-

Kindergeburtstage kreativ gestalten - das macht Zwillingsmutter Cornelia aus der Schweiz Spaß.

termachen konnten. Nora, meine Schwägerin und ich halfen den eingeladenen Kindern.

Da es eine gemeinsame Fußball-Indianerparty beider Kinder war, ging Fabian mit einigen Kindern nochmal Fußball spielen.

Und noch eine Idee: der **Humpty-Dumpty Nähgeburtstag**. Hier stopften die Kinder die Humptys aus (nur den Körper, die Arme und Beine waren fix dran), und nähten die kleine Lücke mit meiner Maschine oder von Hand zu. Anschließend konnten sie nach

Ein Humpty Dumpty ist eine eierförmige Figur aus einem englischen Kinderreim. Übersetzt wird er mit „buckliger Plumpsiger" ... und so sieht er auch aus - siehe hier unten.

Lust und Laune dekorieren. Hier auf dem Foto ist der Prototyp, die der Kinder sahen aber alle gleich aus.

Bei allen Sachen hat immer Nora das Material ausgesucht. Da es viel Arbeit war, war mir auch wichtig, qualitativ gutes Material zu kaufen, dann halten die Sachen lange und machen Freude. Und mit den Resten lässt sich noch weiterbasteln.

Liebe Grüße - Cornelia

Wie kindersicher ist Ihr Zuhause?

**Mehr Informationen unter
www.kindersicherheit.de**

In manchen Phasen fragte ich mich, wie sollte ich meine Zwillinge jemals lebend ins schulpflichtige Alter bringen? Keine Übertreibung. Tag für Tag lieferten mir Maximilian und Constantin einen harten Überlebenskampf, weil man gar nicht so schnell ein Unheil verhindern konnte, wie es geschah ... Unser Kinderzimmer glich zeitweilig einer Gummizelle. Die Bundesarbeitsgemeinschaft (BAG) Mehr Sicherheit für Kinder e. V. hat einen Flyer zusammengestellt, der aufzeigt, wo die neuralgischen Punkte im Haushalt stecken.

Badezimmer

- Beaufsichtigen Sie Babys und Kleinkinder im Badezimmer immer. Sie können schon in niedrigem Wasser ertrinken.
- Übertragen Sie die Aufsicht nicht auf ein älteres (Geschwister-)Kind.
- Vorsicht vor zu heißem Wasser. Prüfen Sie stets die Wassertemperatur vor Verwendung. Sie sollte zwischen 36 und 38 Grad liegen.
- Verwenden Sie Anti-Rutsch-Matten.
- Nehmen Sie elektrische Geräte wie Fön und Rasierapparat immer vom Netz und räumen Sie sie weg, wenn sie nicht in Gebrauch sind.
- Bewahren Sie Medikamente immer außer Reichweite Ihrer Zwillinge auf.

Kinderzimmer

- Lassen Sie Ihre Zwillinge (auch einzeln) auf dem Wickeltisch nie unbeaufsichtigt und haben Sie immer eine Hand am Kind.
- Lassen Sie Ihre Kinder nie bei geöffnetem Fenster alleine im Raum.
- Fenstersicherungen und abschließbare Griffe verhindern das Öffnen durch die Kinder.
- Kleinteile bei Spielsachen bedeuten für Kinder unter drei Jahren eine Erstickungsgefahr. Achten Sie deshalb darauf, dass kleinere Kinder nicht an solche Teile gelangen.
- Verwenden Sie nur Spielzeug, das für das Alter Ihres Kindes geeignet ist.
- Kinder stürzen häufig von Betten. Achten Sie auf eine hohe Umrandung und eine sichere Umgebung.

Wohn- und Esszimmer

- Lassen Sie Ihre Zwillinge nie unbeaufsichtigt im Kinderhochstuhl, weil sie „kippeln" können und der Stuhl umfallen kann.
- Entfernen Sie Tischdecken. Kleinkinder ziehen an Decken. Durch herunterfallende Gegenstände oder Flüssigkeiten kann es zu Verletzungen kommen.
- Lassen Sie Ihr Kinder nie mit brennenden Kerzen im Raum alleine.
- Entfernen Sie alle Gegenstände, die Ihre Zwillinge zum Klettern einladen, insbesondere in der Nähe von

Balkonen oder Fenstern. Statten Sie Fenster- und Türgriffe mit Sicherungen aus.
- Halten Sie die Laufwege frei und sichern Sie spitze Kanten.

Küche

- Stellen Sie Elektrogeräte außer Reichweite Ihrer Kinder auf und lassen Sie Kabel niemals herunterhängen (zum Beispiel beim Wasserkocher oder der Kaffeemaschine).
- Verwenden Sie beim Kochen die hinteren Herdplatten und drehen Sie die Pfannenstiele auf dem Herd nach hinten.
- Bringen Sie Herdschutzgitter und Backofen-Fensterschutz an.
- Bewahren Sie Putz- und Reinigungsmittel immer außer Reichweite Ihrer Kinder auf.
- Lassen Sie scharfe Messer nicht offen liegen.
- Halten Sie die Türen von Wasch- und Spülmaschine geschlossen.

Garten, Hof und Garage

- Achten Sie bei Spielgeräten auf das GS-Zeichen (Geprüfte Sicherheit). Bauen Sie Spielgeräte nach der Gebrauchsanweisung auf.
- Um Ihre Kinder vor dem Ertrinken zu schützen, sollten Sie Gartenteiche umzäunen und Regentonnen verschließen.
- Entfernen Sie giftige Pflanzen. Informationen hierzu finden Sie unter www.gizbonn.de
- Achten Sie beim Grillen auf einen kippsicheren Stand des Grills. Zünden Sie den Grill niemals mit flüssigen Brandbeschleunigern, wie zum Beispiel Spiritus, an.

- Achten Sie darauf, dass Ihre Zwillinge auf dem Laufrad oder Fahrrad einen passenden Helm tragen.
- Helm, Schal oder Ketten beim Spielen aber immer abnehmen (Strangulationsgefahr).

10 Tipps:
Unfälle zu Hause vermeiden

1. Nehmen Sie die Perspektive von Kindern ein und beseitigen Sie die entdeckten Gefahren.

2. Lassen Sie Babys und Kleinkinder nicht unbeaufsichtigt.

3. Machen Sie Ihr Kind auf Gefahren aufmerksam und erklären Sie, warum etwas gefährlich ist.

4. Fördern Sie die motorische Entwicklung Ihres Kindes durch unterschiedliche Bewegungsanreize, Spiel- und Übungsmöglichkeiten.

5. Beteiligen Sie Ihr Kind bei Tätigkeiten im Haushalt seinem Alter entsprechend.

6. Bewahren Sie alle Gegenstände, die kleiner als ein Tischtennisball sind, immer außer Reichweite Ihres Kindes, um ein Verschlucken zu vermeiden.

7. Achten Sie darauf, dass Ihr Kind nicht in Berührung mit offenem Feuer oder heißen Flüssigkeiten kommen kann.

8. Bewahren Sie Medikamente, Knopfzellenbatterien, Alkohol, Zigaretten sowie Wasch- und Reinigungsmittel immer gut verschlossen außer Reichweite Ihres Kindes auf.

9. Stellen Sie Möbel und schwere Gegenstände kippsicher und stabil auf. Verankern Sie schwere Möbel fest an der Wand.

10. Setzen Sie Sicherheitsartikel altersentsprechend ein, z.B. Treppen-, Steckdosen- und Kantenschutz oder Herdschutzgitter.

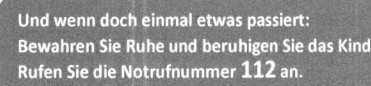

Und wenn doch einmal etwas passiert: Bewahren Sie Ruhe und beruhigen Sie das Kind. Rufen Sie die Notrufnummer 112 an.

An Tagen wie diesen ...

Welche Zwillingsmutter kennt das nicht? Immer sind die Tage zu kurz. Und wenn etwas schief geht, dann richtig. Eigentlich wollten Meike und Sven ihr „Zehnjähriges" feiern, doch dann ging es drunter und drüber.

Heute ist einer dieser Tage, wo man nicht weiß, ob man lachen oder weinen soll. Angefangen hat alles vor 24 Stunden. Mein Mann Sven und ich hatten Jahrestag - wir sind zehn Jahre zusammen und immer noch glücklich! Wir waren gut gelaunt, aber wir mussten unsere Einkommensteuererklärung machen, denn die war längst überfällig. Seitdem die Zwillinge bei uns eingezogen sind, ist auch das Chaos bei uns eingezogen

Mitten in der Nacht kommen „Die wilden Kerle"!

Unser großer Sohn Liam hatte Besuch durch seinen besten Kumpel Philipp, der zum ersten Mal bei uns übernachten sollte. Pünktlich um 19 Uhr ging es also ins Bett, eine Geschichte wurde vorgelesen und dann wird geschlafen! Denkste! Nachdem Sven und ich gefühlte fünfzehn Mal nach den beiden gesehen und gesagt hatten: „Jetzt ist aber Schluss!", sind sie dann endlich um 22 Uhr eingeschlafen. Und wir sind dann auch müde in unser Bett gefallen. Die Zwillinge (sieben Monate) schliefen schon seit 18 Uhr.
Gegen vier Uhr früh hörte ich plötzlich Stimmen ... Waren das nun Hirngespinste oder sollten Liam und Philipp tatsächlich wieder munter sein?
Tatsächlich! Das Zimmer voll beleuchtet und Liam steht am CD-Player, um „Die wilden Kerle" einzulegen! Natürlich bin ich stinksauer geworden Die beiden haben sich noch unterhalten und ich hatte Mühe, wie-

der einzuschlafen, denn ich hab sie quatschen gehört.
Um 5 Uhr früh war meine Nacht dann auch schon vorbei! Jill schrie. Dazu muss man wissen, dass Jill nie weint - sie brüllt. In unserer PekiP-Gruppe nennt man sie „Schrill" statt Jill. Also wacht Schwester Enya auch gleich mit auf.
Also haben Sven und ich die beiden so schnell wie möglich gewickelt und die Milch warm gemacht. An dieser Stelle möchte ich den Hut ziehen vor allen stillen Zwillingsmüttern. Die müssen das allein machen - und ich bin heilfroh, dass mein Mann mir helfen kann. Bis wir dann so durch waren, ist es auch schon 6 Uhr früh. Liam und sein Übernachtungsgast Philipp sind auch mehr als wach. Okay, was soll's? Bei dem Trubel schläft hier keiner mehr ein. Hat der Bäcker schon auf?
Liam und Philipp reden und reden - wir haben schon Blumenkohl an den Ohren! Deshalb schicken wir sie raus. Halb acht ist eine gute Zeit für den Sandkasten ...
Es dauert nicht lange, da sind sie wieder da. Liam sagt: „Wir haben in Omas Garten geerntet. Du musst Suppe kochen!" Dabei drücken sie mir Zwiebeln, Möhren und Erbsenschoten in die Hand. Ich bin platt und atme erst einmal durch. Nach einer Gedenkminuten bringe ich die Erbsen zurück. Genau - sie sollen sie selber pulen. Und damit waren sie dann gute anderthalb Stunden beschäftigt. Und die Suppe war sehr lecker.
Sven und ich haben uns überlegt, dass Enya

ein eigenes Zimmer bekommen sollte. Sie ist das totale Gegenteil zu ihrer Zwillingsschwester Jill. Enya ist sehr geduldig, weint fast nie und lacht jeden an. Ich lege sie in ihr Bett und sie schläft sofort. Jill schreit, ist oft unzufrieden und kommt schlecht zur Ruhe. Außerdem fremdelt sie sehr. Allerdings hat sie auch schlechte Erfahrungen mit Ärzten gemacht. Für so einen kleinen Menschen nicht zu verstehen, dass manche Dinge eben sein müssen. Wir haben früh angefangen, die Zimmer umzuräumen ... der Abstellraum wird Büro, das Büro wird Kinderzimmer, der Schrank kommt nach unten, aber wo soll das Gästebett hin? Wir haben es nicht geschafft. Aber mit Zwillingen ist jeder Tag zu kurz. Die Kleinen sind voll aus dem Rhythmus nach diesem Morgen. Mittlerweise ist es vier Uhr nachmittags und meine Grenze

ist erreicht. Ich habe gerade den letzten Löffel Brei gefüttert ... und Enya spuckt! Nicht nur ein bisschen, eigentlich spuckt sie den kompletten Mageninhalt auf mich. Super, jetzt weiß ich nicht, wie ich mich bewegen soll, um nicht noch alles zu verteilen. Also heul ich erst einmal eine Runde. Man ist das befreiend! Die ersten sechs Monate nach der Geburt hatte ich viel Energie, aber mittlerweile sind meine Reserven auf dem Nullpunkt!

Nachdem ich die Spuren beseitigt habe, kommen mein Mann Sven und Liam vom Leergut wegbringen zurück. Ein Blick genügt - Sven weiß sofort was los ist: das Überlaufventil hat sich geöffnet! Er geht zum Schrank, holt zwei Gläser und eine Flasche Sambucca. Wir trinken sonst kaum Alkohol, aber an Tagen wie diesen ...

Mit Humor geht alles besser ... Gott sei Dank packt der Papa mit an ...da kann sich Mama Meike nicht beschweren.

Wir tragen alles mit Humor. Unser Lebensmotto ist: Mit Lachen geht alles viel besser. Irgendwann sind Jill und Enya dann im Bett und schlafen hoffentlich mal gleichzeitig. Liam darf noch „Nils Holgersson" angucken, wir essen ganz in Ruhe unser Abendbrot. Sven macht sich ein Brot mit Remoulade und drückt den Rest aus der Tube ... Er rutscht ab und genau, ich bekomme alles ab! Meine Haare, mein Pulli und der Küchenschrank hinter mir - alles voll ... Jetzt kriegen wir uns nicht mehr ein vor Lachen. Es ist 20.30 Uhr. Ein Tag geht zu Ende, der Ausnahmezustand hält an. (Meike B.)

Überraschungsbrötchen mit Innenleben

Brötchen backen kann ja jeder ... aber Brötchen mit einem überraschenden Innenleben? Das macht natürlich den Zwillingen Spaß. Zwillingsmutter Nicole G. hat das einfache Rezept geschickt und mit den Zwillingen Coralie und Malin vielfach ausprobiert.

Wir machen einen einfachen Hefeteig. für die Brötchen. Die Mengen beziehen sich auf circa acht Brötchen.

Wir brauchen hierzu:

- 7 Esslöffel Mehl
- 2 EsslöffelZucker
- 2 Esslöffel Margarine
- 1 Ei
- 1 Päckchen Hefe (Trockenhefe)
- 1 Päckchen Vanillinzucker
- Sachen, die man in den Brötchen verstecken kann: zum Beispiel Nüsse, Schokolade, Gummibärchen

Und so wird's gemacht:

- Alle Zutaten in eine Schüssel geben.
- Erst mit dem Knethaken und dem Mixer durchkneten;
- dann mit den Händen weiter durchkneten und zu einem geschmeidigen Teig machen.
- Mit den Händen kleine Brötchen formen und diese auf ein mit Backpapier belegtes Blech legen.
- Zudecken und an einem warmen Ort circa eine halbe Stunde gehen lassen, bis sie sich sichtbar vergrössert haben.
- Mit dem Finger ein kleines Loch mitten ins Brötchen bohren.

Malin (vorne) knetet schon mal den Teig für die Überraschungsbrötchen. Heute werden sie mit Blaubeeren gefüllt.

- Die kleine Überraschung in das Loch legen und dieses verschließen.
- Etwa zehn Minuten bei 170 Grad im Ofen backen.

Rezept von Inga-Lisa - siehe Seite 42

Geburtstagskuchen für Jonathan

Zutaten für den Marmorkuchen mit Joghurt und Apfelmus:

- 300 g Mehl + 1,5 Pck. Backpulver
- 80 g Zucker + 2 Vanillezucker
- 4 Eier
- 100 g Butter /Margarine
- 120 g Apfelmus (evtl. selbstgekocht)
- 200 ml Naturjoghurt
- 2 gehäufte EL Kakao
- 2 EL Milch
- eventuell Schokoladenglasur
- bunte, große Smarties

Für den Teig Zucker, Vanillezucker mit Butter/Margarine schaumig rühren. Die Eier einzeln unterrühren. Joghurt und Apfelmus darunter mischen. Anschließend Mehl mit Backpulver mischen und unter die Butter-Zucker-Mischung rühren. Die übrigen Zutaten außer Kakaopulver und Milch dazu geben. Auf höchster Stufe mit dem Rührgerät zu einem glatten Teil verarbeiten. Die Hälfte des Teiges in eine Schüssel füllen. In die andere Hälfte Milch und Kakaopulver rühren. Den hellen und dunklen Teig abwechselnd in eine runde Springform füllen. Eine Gabel spiralförmig durch die Teigschichten ziehen, sodass ein Marmormuster entsteht. Bei 175 Grad (Ober-/Unterhitze) circa 45 Minuten backen.

Den Kuchen ohne Rahmen erkalten lassen, auf eine Tortenplatte legen. Anschließend ein „Tortenstück" aus dem Kuchen herausschneiden und gedreht an die gegenüberliegende Rundung als Schwanzflosse ansetzen. Nun die Schokoglasur schmelzen und über dem ganzen Kuchen verteilen. Die Smarties nun bunt oder geordnet als Schuppen des Fisches auf der Hälfte des Kuchens verteilen, 1 Smartie als Auge platzieren.

Zuckerguss statt Schokoglasur geht auch, aber die Smarties geben Farbe ab und dann muss der Kuchen sofort gegessen werden.

Picknick mit Astrid und Janna im herbstlichen Wald ...

Herbstzeit - Drachenzeit ... jetzt bläst der Wind richtig für die Zwillinge aus Österreich.

Mützen anziehen - es wird kalt - Björn mit den Zwillings- brüdern Emil und Sören und einem Freund.

FOTOPARADE: Die Blätter fallen bald - es wird Herbst

Da haben Kira und Zoe was vor ... so viel Laub schafft man nicht in einer Minute weg.

Frisch am Meer - Jannes und Finn haben lieber einen Pulli angezogen.

Neue Fotos gesucht ... wir nehmen immer noch gerne Fotos ... schickt sie an info@twins.de

Kindergartenstart im Herbst - Sophie und Theresa und ihre Taschen auf dem Weg.

Abschied vom Kindergarten schluck & schnief

Meilensteine in der Entwicklung unserer Zwillinge sind immer ein bisschen mit Wehmut verbunden. Die eineiigen Zwillinge der Autorin Sigrun Eder kommen jetzt in die Schule. Der Abschied vom Kindergarten fällt schwer ... aber nur der Mama. Und so ist es immer: die Zeit rast und unsere Zwillinge werden groß.

Ich hoffte, die Zeit würde in slow motion vergehen. Und dann war er gefühlt viel zu plötzlich da: Der letzte Tag im Kindergarten (17.8.2018). Astrid und Janna nahmen es locker, ich nicht so. Ich vervollständigte noch mit meiner verletzten Hand - ja beim Mixer sollte man immer den Stecker ziehen, bevor man die Schneebesen abnimmt - mit Müh und Not das Fotoalbum vom Kindergarten mit Bildern aus dem vergangenen Jahr. Dann besorgte ich vom George Clooney-Kaffee eine XL-Packung sowie etwas Schokolade. Schließlich wollte ich mich für die ausgezeichnete elementare Bildung und emotionale Begleitung in den vergangenen Jahren erkenntlich zeigen. Dann brauchten wir noch eine Dankeskarte. Wir druckten eine am Fotoautomaten mit den wunderbaren Fotos von Astrid und Janna vom letzten Besuch der Fotografin aus. Kaum als die richtigen Worte gefunden und geschrieben waren, hieß es schon Abschied nahmen. Astrid wünschte sich zum Abschluss, ein Eis im Lokal in der Stadtbibliothek zu essen - ein Ritual, das wir selbst häufig pflegen *g*. Für Janna war das in Ordnung und somit spazierten sie mit den anderen Kindergartenkindern und den Pädagoginnen dorthin.

In meiner Vorstellung machte ich noch ein hübsches, letztes Foto von meinen Töchtern vor dem Kindergarten. Denkste! Denn Janna meinte bloß im Auto: „Ich hasse Fotos" und stapfte wenig später aus dem Motiv davon, während Astrid sich brav hinstellte, jedoch total gelangweilt dreinblickte. Also nichts für das „happy-peppy-Fotoalbum". Wie es schien, machte ich mehr Tamtam um diesen Tag als die beiden.

Mittags wurden sie von ihrem Papa abgeholt, der nahm das Hab und Gut aus der Schublade mit. Ich packte die Gatschhosen, die Gummistiefel und die Mappen morgens ein. Den Turnbeutel und die Reservekleidung hatte ich bereits Anfang der Woche mit nach Hause genommen.

Als ich anschließend das Geschenk überreichte, musste ich ordentlich schlucken, um die Tränen zurückzuhalten. Denn in der Mäusegruppe waren Astrid und Janna immer sehr gut aufgehoben und ich als Mama konnte beruhigt arbeiten gehen.

Und einige große Veränderungen wurden von den PädagogInnen achtsam begleitet. Mit ihrem scharfen Blick bekamen wir als Eltern sowohl in den „Zwischen-Tür-und-Angelgesprächen" als auch in den jährlichen Elterngesprächen viele Anekdoten und berührende Momente mit, die uns ohne diesen Austausch unbekannt geblieben wären. Schließlich erzählten Astrid und Janna immer recht wenig von ihrem Tag. In den vergangenen Wochen hieß es so oft: „Die Mädchen sind so gewachsen" und sie sind eindeutig die Großen im Kindergarten, auch haben sie sich häppchenweise mit jedem Abschied selbst ein wenig auf ihren eigenen eingestellt.

Es stimmt, für den Kindergarten sind sie jetzt schon zu groß, doch sind sie schon bereit, sich im Schulgetümmel zu behaupten? Mit ihren etwa 17,5 Kilogramm, ihren Giraffenbeinen und ihrer schüchternen Zurückhaltung kann ich sie mir dort noch nicht so richtig vorstellen. Gleichzeitig habe ich des Öfteren über den Kindergartenzaun gelugt und gesehen, wie sie sich durchsetzen oder bei zu viel Action Tempo rausnehmen können.

Opa mit Janna (li.) und Astrid am Hintersee

Ein Buch vom Älterwerden und Sterben: „Ade geliebte Amelie"

Amelie, die alte Leitstute, wird immer kraftloser. Schon bald wird sie ihre Herde nicht mehr anführen können und sterben. Hengstfohlen Miko kann das nur schwer verstehen. Amelie soll ewig leben! Mikos Mama hilft ihm, ganz bewusst von Amelie Abschied zu nehmen. Gemeinsam mit den anderen Pferden begleiten Mama und Miko die tapfere Amelie bis zu ihrem letzten Tag im Winter.

„Ade, geliebte Amelie! - Das Bilder-Erzählbuch vom Älterwerden und Sterben" ermöglicht Kindern, das Sterben als Prozess zu begreifen und wertvolle Erinnerungen festzuhalten. Mit Eltern und Freunden können sie auf den zahlreichen Mit-Mach-Seiten im Anschluss an die Pferdegeschichte über Tod, Trauer und Abschiednehmen reden und ihre Gedanken und inneren Bilder dazu aufschreiben und aufmalen.

Ein Buch der Kindersachbuchreihe „SOWAS!" von Psychologin Sigrun Eder (www.sowas-buch.de), die im Verlag edition riedenburg, Salzburg erscheint.

Verlag edition riedenburg
www.editionriedenburg.at
ISBN 978-3-903085-99-2, 14,90 Euro

Gute-Laune-Geheim-tipp: Gummibärchen

Erziehungsalltag mit mehreren kleinen Kindern ist manchmal Schwerstarbeit. Also braucht man Gummibärchen, die nicht nur den Alltag versüßen.

Wer, wenn nicht Zwillingseltern oder Drillingseltern wüssten, wie wichtig Humor im täglichen Alltag mit mehreren kleinen Kindern ist? Miriam Fuz weiß es - sie ist Mutter von drei kleinen Jungs und hat einmal aufgeschrieben, mit welchen Tricks sie ihren Alltag meistert. Und Gummibärchen spielen dabei anscheinend eine große Rolle ... Kinder „funktionieren" eben nicht immer, wie man es gerade gern hätte ... und jede Mutter kennt das Gefühl, dass sie die einzige Mama weit und breit ist, bei der alle Strategien von der Stange einfach nicht funktionieren.

Dafür gibt's jetzt die Geheimtipps von Miriam Fuz, die zu Streitthemen wie Süssigkeiten, das richtige Outfit und zum Meckerthema um das niemals endende Aufräumen bis hin zum Einschlafritual ihre besten Tricks verrät - humorvoll und ehrlich, herrlich pragmatisch und unkonven-

tionell! Hier können sich auch Zwillingseltern noch was abgucken ...

Miriam Fuz, „Manchmal braucht man Gummibärchen",
Trias Verlag, 12,99 €,
ISBN: 978-3-432107-61-5

Fortsetzung von Seite 39

Die Zeit wird es weisen. Denn der Brief von der Klassenlehrerin lag schon im Briefkasten. Ein freundlicher Willkommensbrief mit Einkaufsliste.

Für mich war es damals ein Highlight, mir selbst und nicht im Nachbarort, sondern in einem sehr teuren Schreibwarengeschäft in der Stadt Salzburg, so viele Farbstifte aussuchen zu können, wie in das Federpennal passten.

Meine Schultüte habe ich mit meiner

Mama und meiner Taufpatin im Ferienbungalow meiner Großeltern gebastelt und erst vor zwei Jahren entsorgt.

Astrid und Janna wollten das nicht, sie ziehen eine gekaufte mit Meerjungfrauen und Einhörnern vor. Zum Glück kann Oma nähen und kümmert sich um den persönlichen Touch. Ein bisschen Zeit haben wir noch und dann richtet sich unser Leben wohl nach dem Stundenplan der Schule aus. (Sigrun Eder)

Ein Buch für Kinder, die nicht schlafen wollen ...

Vorlesen vor dem Schlafengehen hat noch manchen Zwilling davon überzeugt, dass es Zeit ist für eine kleine Ruhepause. Wugli Pi ist so ein Buch, das Eltern ihren Kindern gern vorlesen. Denn hier geht es direkt um den Sandmann ... und dessen kaputte Sandmaschine.

Welche Eltern - Zwillings- und Drillingseltern - kennen das nicht: die lieben Kleinen wollen einfach nicht schlafen und machen Faxen ohne Ende. Zeit, ein Buch vorzulesen, bei dem die Kindern runter kommen und müde werden.

Dumm nur, wenn der Schlafsand ausgegangen ist, weil die Maschine, mit der der Sandmann den feinen Schlafsand

Sigrid Manz

Wugli Pi hilft dem Sandmann

Paramon

mahlt, einen Defekt hat. Minna, die gute, alte Steinmühle mahlt nicht mehr.

Der Sandmann ist natürlich traurig, denn er weiß ja, dass viele Kinder heute Abend kein Auge zu tun werden. Wo soll er bloß den Sand herbringen, wenn er die Mühle nicht mehr in Gang bringt? Doch plötzlich klopft ihm sein alter Freund Wugli Pi auf die Schulter und will helfen. Und Wugli Pi kann das - er ist ein Tüftler und hat schon so manche Maschine repariert.

Natürlich wird hier nicht verraten wie ... dazu müsst Ihr das Buch schon lesen oder Euch vorlesen lassen.

Wir verschenken unser wunderhübsch illustriertes Buch an eine Zwillingsmama, die einen kleinen Beitrag für uns schreibt. Bewerbt Euch an info@twins.de (weitere Bücher, die in der Aktion „Buch gegen Beitrag" verschenkt werden, finden sich unter www.twins.de).

Sigrid Manz, „Wugli Pi hilft dem Sandmann", Paramon Verlag, ISBN 978-3-03830-442-5, 12 Euro (D) oder 16,60 CHF (CH). Im gesamten Buchhandel.

Respekt: Hut ab vor Euch Zwillingsmamas

Inga-Lisa und Anne-Kirstin sind Zwillinge - sehr unterschiedliche Zwillinge, wie wir schon oft in ZWILLINGE lesen konnten. Inga-Lisa ist seit einem Jahr Mutter. Nun kann sie eher einschätzen, wie das für ihre Mutter war ... mit zwei Babys auf einmal. Keine leichte Aufgabe. Inga ist überrascht.

Vor circa einem Jahr schrieb ich für ZWIL-LINGE „Wenn ein Zwilling Mama wird". Ja, nun bin ich Mama geworden, im Juni, also inzwischen vor über einem Jahr. Da kann man schon ein bisschen zurückschauen.

Geboren ist unser Jonathan mehr oder weniger entspannt morgens um halb 5 mit 3.740 Gramm und 53 Zentimeter. Also ein ordentliches Startgewicht!

Das ist die Oma nicht gewöhnt: Ein Baby mit Bäckchen ...

Meine Mama kam mich ein paar Stunden später besuchen, nach meiner Schwester und mir gab es im näheren Umfeld keine Babys mehr. Sie war so geschockt! „Das ist ja ein Riesenbaby!" Ja, etwas schwerer als die 1.340 und 1.610 Gramm, mit denen meine Zwillingsschwester Anne und ich zur Geburt in der 32. SSW hatten.

Zugegeben, er sah nicht aus, wie gerade geboren, ganz glatte Haut und sogar kleine Speckwangen. Da hat sich auch bis jetzt nichts dran geändert, der Speck ist um einiges mehr geworden. Bereits im November, also mit 5 Monaten brachte er stolze 9 Kilogramm auf die Waage, inzwischen sind es 11 Kilo bei Kleidergröße 92.

Anstrengend ist es definitiv, so ein schweres und großes Kind zu schleppen, aber Zwillingsmamas kommen ja auch schnell an die 10 Kilogramm, nur halt auf zwei Babys

verteilt. Wenn man dann noch zwei Babyschalen dazu trägt - Respekt, das ist richtiges Krafttraining!

Die Überlegung war in der Schwangerschaft schon immer da, was ist, wenn es auch Zwillinge werden? Wie wäre das mit dem Studium? Jetzt kann ich sagen, es wäre nicht gegangen, zumindest nicht so, wie es jetzt läuft. Mein Partner und ich wechseln uns mit Uni und Jonathan ab. Wenn einer Seminar hat, passt der andere auf. Das klappt sehr gut, aber Zwillinge und ein Studium parallel wäre doch sehr viel anstrengender gewesen.

In der Schwangerschaft habe ich das Nähen für mich entdeckt, es ist einfach schön, wenn man alles selbst zaubern kann und dann individuelle bunte Hosen und Pullover über den Boden robben beziehungsweise inzwischen läuft Jonathan schon! Das ist allerdings meist Nachtarbeit, wenn die Sachen für die Uni abends fertig geschrieben sind, geht's an die Nähmaschine.

Ich steh' auf Stoffwindeln.

Auch sehr gut an der selbst genähten Kleidung ist, dass ich den Po bei Hosen und Bodys größer nähen kann, damit die Stoffwindeln besser rein passen. Das Vorhaben, mit Stoff zu wickeln, haben wir umgesetzt und sind sehr glücklich damit. Seit Jonathan vier Wochen alt ist, wickeln wir ihn mit

Überhosen und Mullwindeln. Alle vier Tage wird gewaschen und im zweiten Waschgang können die Spucktücher und Lätzchen auch noch mit dazu. Einerseits ein, zwei Waschladungen mehr in der Woche, aber ein gutes Gefühl, keine meist stinkenden Wegwerfwindeln und so viel weniger Müll zum Raustragen! Da kann ich Euch Zwillingsmamas bestärken! Traut Euch an diese schönen, bunten Windeln!

Sehr viel haben wir auch aus dem Babyschwimmen mitgenommen. Wir haben das große Glück, dass Jonathan eine echte Wasserratte ist und immer gern geplantscht hat. Seitdem geht es nun, wenn es warm ist auf den Wasserspielplatz in der Nähe oder an den Saalestrand, ein bisschen angefahrener Sand am Saaleufer in einem Park.

Der kleine Jonathan ist zweimal so viel die die frühgeborenen Zwillinge Anne und Inga ...

Nun sind wir seit sechs Wochen in der Kindergarteneingewöhnung. Alles schien sehr einfach, zu den Vorgesprächen konnte ich Jonathan einfach absetzen, schaute mir die Räume an und er spielte. Kurz vor Beginn der Kindergartenzeit aber hat er angefangen, wahnsinnig zu fremdeln. 2,5 Wochen waren wir mit in der Gruppe, sobald er uns nicht mehr sah, fing er fürchterlich an zu weinen. Nun gehen wir raus, beziehungsweise der Papa, bei mir weint Jonathan schon, wenn wir den Hof betreten- und nach 1 bis 1,5 Stunden geht es wieder heim - total verweint und schluchzend. Unsere Rettung ist seit zwei Wochen eine neue Erzieherin, die ihn fast die ganze Zeit kuschelt und sich sehr viel mit ihm beschäftigt, das bestärkt uns, dass es vielleicht doch klappen wird.

Nun sind erst einmal zwei Wochen KiTafrei -„Urlaub", eine Woche davon auf Usedom - angesagt und dann geht es hoffentlich besser. Meine Schwester und ich waren da wohl unkomplizierter, wobei ich lange Zeit nicht gerne in den Kindergarten gegangen bin, aber vielleicht half ja, dass meine Schwester mit dabei war? Das könnte ein großer Vorteil für Zwillingspärchen sein.

Insgesamt war es einfach wunderschön, zu dritt das erste Jahr gemeinsam zu erleben - im Beruf wäre das definitiv nicht möglich gewesen. Klar kann man ein Kind im Studium auch kritisch sehen, meine Zwillingsschwester kann es sich absolut nicht vorstellen, aber das ist in Ordnung. Jeder geht seinen Weg und das ändert sich nicht, nur weil wir Zwillinge sind. (Inga-Lisa B.)

Nun rückte der erste Geburtstag immer näher, Glück und Traurigkeit ganz nah bei einander, so schnell vergeht ein Jahr! Und dabei kann man sich an so vieles noch genau erinnern und im nächsten Moment scheint es unfassbar, wie gut man mit weniger Schlaf zurechtkommt und wie schwer doch das Stillen mit acht Brustentzündungen war. So oft dachte ich ans Abstillen, auch Pumpen half nur bedingt. Eine gute Tat konnte ich mit der vielen übrigen Milch dennoch vollbringen: ich spendete circa ein halbes Jahr lang die abgepumpte Milch, das waren im Schnitt 1 bis 1,5Liter in der Woche, an die Universitätsklinik in Halle/Saale. Nach einigen Tests und unter strengen Hygieneregeln durfte ich als Spenderin übrige Milch in mitgegebenen Flaschen einfrieren. Einmal in der Woche kam ein Taxifahrer, der die vollen Flaschen mitnahm. In der Uniklinik wird die Milch dann aufbereitet und den Frühchen gegeben.

Zwillinge Psychostress für Vater & Mutter

Auf Eltern von Zwillingen kommt mehr Stress zu, als manche sich vorstellen können. Die finnische Forscherin Leila Unkila Kallio, Gynäkologin der Universität Helsinki untersuchte Eltern von Zwillingen und fand heraus, dass deutlich mehr unter psychischen Schwierigkeiten litten als Eltern von Einzelkindern.

FOCUS online schrieb dazu: „Viele frischgebackene Mütter gehen nach der Geburt durch eine Phase der Depression. Wenn sie Zwillinge zur Welt bringen, haben manche schon vor der Niederkunft psychische Probleme. Sind die Babys dann auf der Welt, kämpfen auch deren Väter verstärkt mit seelischen Schwierigkeiten. Das gilt vor allem, wenn die Eltern vom Babydoppel überrascht werden. Wer nach einer künstlichen Befruchtung Zwillinge erwartet, ist seelisch gelassener."

Rausgefunden hatte das die finnische Ärztin Leila Unkila Kallio, die die Ergebnisse ihrer Studie bereits vor zehn Jahren anlässlich eines Treffens der Gesellschaft europäischer Reproduktionsmediziner in Barcelona vorstellte.

An ihrer Untersuchung nahmen 91 Eltern von Zwillingen und 367 Eltern von „Einlingen" teil, die ihre Kinder durch „künstliche Befruchtung" erhalten hatten. Darüber hinaus machten 20 Eltern von Zwillingen und 279 weitere Einlingseltern mit, die ihre Kinder nicht per Reproduktionsmedizin empfangen hatten. Der FOCUS schreibt: „Die Mediziner befragten die Eltern im letzten Schwangerschaftsdrittel, als die Kinder zwei Monate alt waren und nach einem Jahr. Sie erkundigten sich nach Symptomen von

Depression, Angst oder Schlaflosigkeit sowie nach dem sozialen Verhalten."

Zwillinge überfordern ihre Eltern

Herauskam, dass vor allem die Zwillingsmütter, die unverhofft Zwillinge erwarteten, die größten Probleme während der Schwangerschaft hatten. Sie waren am angespanntesten.

Väter blieben in dieser Phase noch gelassen. Erst nach der Geburt begann der Psychostress und das sowohl für die Väter wie auch für die Mütter.

Mein Kommentar dazu: Ach, nee?? Da hätten sie bloß uns fragen müssen, statt eine Studie zu machen. Wir hätten ihnen das gleich sagen können ☺☺

Der FOCUS zitiert aus der Studie: „Nach der Geburt stieg der Psychostress für Zwillingsmütter deutlich, unabhängig von der Art der Empfängnis. Dabei leisteten ihnen die Väter Gesellschaft: Zwillinge im Haus strapazierten ihr Seelenkostüm deutlich, während Väter von Einzelkindern relativ entspannt blieben."

Gynäkologin Leila Unkila Kallio schließt daraus, dass es sinnvoll wäre, Zwillinge möglichst zu vermeiden, wenn die Befruchtung durch moderne Reproduktionsmedizin zustande käme. Eigentlich auch schade ... finde ich. (MvG)

Hilfe! Wir sind beide überfordert!

Gerade in diesen Tagen, da wir Großeltern geworden sind, überlegen wir immer wieder: Wie haben wir das damals bloß geschafft? Frühgeborene Zwillinge, keine Nacht mehr ohne Unterbrechungen, die Doppelbelastung, den Stress und was haben wir gegen den Frust gemacht? Andere Zwillingseltern erzählen, wie sie empfunden und was sie gegen den Frust gemacht haben.

Ich finde, der Sprung vom Paar zum Zwillingselterndasein ist gravierend. Gerade in der ersten Zeit wird die Beziehung zur Zweckgemeinschaft - man muss ja alles organisieren. Ich bin davon überzeugt, dass eine nicht intakte Beziehung „Zwillings"-stress (vor allem in den ersten Monaten) nicht aushält.

So schlecht sah mein Mann noch nie aus!

Wir fühlten uns zeitweise beide überfordert. Als mein Mann nach seinem zweiwöchigen „Kinder"-Urlaub zurück in die Firma kam, wurde er von seinen Kollegen so begrüßt: „So schlecht hast Du ja noch nie ausgesehen!"
Ich fühlte mich - gerade in den ersten 10 bis 12 Wochen - ständig überfordert. Wenn ich es gar nicht mehr ausgehalten habe, dann habe ich die Kinder eingepackt und bin draußen rumgelaufen - das baut zumindest vorübergehend den Stress ab. Ansonsten habe ich kein Mittel gegen diese Überforderung gefunden, weil sie ja - zumindest bei mir - im Kopf stattgefunden hat. Ich habe lange gebraucht, bis ich mich in die neue Situation eingelebt hatte - dann ging es besser. Ich musste erstmal akzeptieren, dass sich unser Le-

ben - und vor allem mein Leben, ich war vorher berufstätig - 200prozentig verändert hatte. Wir haben kaum noch Zeit für uns. Nach zwei Jahren sind wir zur Zeit ganz schön ausgelaugt - wir waren in dieser Zeit einmal (!) gemeinsam im Theater -, und haben uns deshalb vorgenommen, dass wir ab und an mal wieder etwas ohne Kinder unternehmen wollen.

Wie wohl so oft war Papas Begeisterung beim Windelnwechseln und Füttern rasch verflogen und ziemlich viel blieb an mir hängen. Ich muss zu seiner Entlastung bemerken, dass wir eine eigene Tischlerei haben und mein Mann daher nicht unter zehn Stunden pro Tag arbeitet - oft auch an den Wochenenden. Ich bin für die Büroarbeit zuständig und diese Doppelbelastung ist hart und anstrengend.

Sport baut Stress ab!

Auch ein regelmäßiger Besuch im Sportstudio oder ein gemeinsamer Kinoabend hilft, mit Frust und Stress fertig zu werden. Mir hilft es manchmal schon, wenn ich mit den Kindern gemeinsam einen Besuch mache (oder empfange) und bei einer Tasse Kaffee „Luft schnappen" kann. Ebenfalls lenkt mich das Arbeiten in unserem

Werkstatt-Büro vom Tagesfrust ab, und ich genieße es dort, einmal eine Arbeit ohne zwanzigfache Unterbrechung zuende zu führen. Gute Erfahrungen habe ich auch damit gemacht, nur ein Kind zur Oma zu bringen und die Einkäufe etc. mit dem anderen zu erledigen. Man glaubt nicht, wie erholsam ein einzelnes Kind sein kann.

Da hilft nur Arbeitsteilung!

Mein Mann hat mit der Versorgung der Kinder recht wenig zu tun. Am Anfang ist er ab und zu - aber wirklich nur, wenn beide schrien - nachts mit aufgestanden. Wenn ich allerdings nach einer durchwachten Nacht fix und fertig war, ist er auf und hat die Kinder beruhigt.

Gebadet hat er allerdings bis heute noch keinen von beiden und gewickelt hat er sie nur dann, wenn kein „größeres Geschäft" in der Windel war. Doch auch das hat mittlerweile nachgelassen.

Tagsüber hatte ich Gott sei Dank meine Mutter, die mir bei den Kindern half. Aber nachts bewältigte ich die Sache so gut es ging alleine. Ich dachte immer, dass mein Mann ja wieder zur Arbeit müsste. Dass aber auch ich wieder einen „Arbeitstag" vor mir hatte mit allem was dazugehört, das habe ich nicht bedacht.

Um meinem Mann wieder etwas näher zu kommen (und eventuell die Ehe wieder gerade zu biegen), gehen wir ab und zu zusammen weg. Wir gehen abends gemeinsam in ein Café oder zum Billardspielen. Es kommt zwar immer noch sehr selten vor, aber wir nehmen uns ab und zu diese Freiheit. In der Zeit passt meine Mutter auf die beiden auf. Es ist sehr wichtig, dass man wieder einmal raus kommt aus der „Baby-Umgebung" und nur für sich selber da ist. Mein Mann geht zum Fußball und zur Feuerwehr und ab und zu ins Sportheim, doch für mich heißt es, Tag für Tag zu Hause sitzen und Kinder zu versorgen. Ich mache deshalb viel Handarbeiten, da mir das großen Spaß bereitet und es tut gut, wenn meine Arbeiten bestaunt werden.

Wie teilt Ihr die Aufgaben? Wie baut Ihr Stress ab? Lasst uns daran teilhaben - gern auch anonym. info@twins.de

Wer räumt das Chaos mal zwei auf?

Im letzten Heft suchte eine Zwillingsmutter Tipps, wie sie ihren Zwillingen mehr Ordnung - und vor allem Verantwortung für die eigenen Sachen - beibringen könnte. Wir haben einige interessante Anregungen und Ideen erhalten. Hier sind sie:

Petra fragte unsere LeserInnen: Meine Zwillinge (Mädchen/Junge) kommen im Herbst in die Schule. Wir haben eigentlich keine Probleme mit den beiden, aber eben doch ein großes Problem: das Aufräumen. Die beiden bewohnen derzeit noch ein gemeinsames Zimmer. Es sieht jeden Abend (spätestens) aus, als hätte eine Bombe eingeschlagen ... und keiner der beiden fühlt sich für das Aufräumen zuständig. Wenn der Verhau so bleibt, dann sehe ich schwarz, dass die Hausaufgaben eines Tages (ab Herbst) im Kinderzimmer (Schreib-

tische vorhanden!) gemacht werden. Wie bringen andere Zwillingseltern ihre Kinder zum Aufräumen?

Das schreiben unsere LeserInnen:

Das wichtigste, finde ich, sind Möglichkeiten, Spielsachen wegzuräumen. Also man braucht genügend Kisten, Behältnisse, Regale, Schränke, einfach Aufräumhilfen, in die man die Spielsachen möglichst sortiert einräumen kann.

Als meine Zwillinge noch klein waren,

habe ich immer wenn sie schliefen, alle Spielsachen die am Boden lagen wie ein großer menschlicher Staubsauger „zusammengefegt" und in einen großen Korb gepackt. Alles zusammen, nichts sortiert. So viele Spielsachen waren das ja damals auch nicht.

Später als Lisa und Tina im Kindergartenalter waren, haben sie das Aufräumen ja auch schon aus dem Kindergarten gekannt. Da haben wir dann ein Spiel draus gemacht. Wer hat seine Sachen zuerst aufgeräumt? Oder: Wer hat diese Ecke schneller aufgeräumt als der andere eine andere Ecke?

Immer wieder muss man auch ausmisten. Das heißt, Spielzeug wegpacken, wenn es nicht mehr so interessant ist. Wenn man die Sachen dann ein halbes Jahr später wieder hervorholt, ist die Überraschung und die Freude meist riesengroß.

Natürlich ist immer noch und immer wieder mal Chaos angesagt. Aber die Mädchen, die jetzt in die Schule gehen, wissen, dass aufgeräumt werden muss, wenn alles überhand nimmt. Und das machen sie dann auch - jede für sich, denn inzwischen haben die beiden eigene Zimmer. (Sigrid W.)

Das Aufräumen hat bei uns auch immer schlecht geklappt. Liegt vielleicht daran, dass wir Jungs haben und Jungen sowieso nicht so ordentlich sind?

Timo und Sandro haben ein gemeinsames Zimmer, immer noch, obwohl sie bereits acht Jahre alt sind. Wir haben dafür gesorgt, dass jeder im Zimmer, das mit fast 20 Quadratmeter schon sehr groß ist, einen eigenen Bereich hat. Das ist Grundvoraussetzung Nummer 1, dass sich jeder für seine eigenen Sachen verantwortlich fühlt und auch Ordnung hält.

Was ich auch ganz wichtig finde, ist, dass die Zwillinge wirklich eigene Sachen haben. Bei unseren Jungs gab es immer wieder Situationen, in denen sie sich gegenseitig für herumliegendes Spielzeug, aber auch Klamotten verantwortlich gemacht haben.

Ich: „Sandro, räum bitte Deine Jacke auf!" Sandro: „Gehört mir nicht, ist Timos!" Oder: „Timo, hast Du mit den Buntstiften gemalt? Pack' sie bitte wieder ein, sonst fehlt nachher einer ..." Darauf Timo: „Ich hab' die nicht benutzt. Die gehören Sandro!"

Was haben wir also gemacht? Gleiche Sachen eindeutig gekennzeichnet mit Namensstickern oder Tiermotiven, so dass ganz klar war, was wem gehört. Viele Spielsachen haben wir doppelt angeschafft und dann eindeutig beschriftet, so dass man sie zuordnen konnte.

Bei den Anziehsachen haben wir sowieso meist unterschiedliche gekauft, schon damit die Jungs, die sich doch sehr ähnlich sehen, nicht dauernd verwechselt werden. (Bettina G.)

Bei uns gibt es einen festen Tag im Monat, an dem wir alle gemeinsam aufräumen. Ich habe festgestellt, dass es den Kindern keinen Spaß macht, wenn sie allein aufräumen müssen. Wem macht das Aufräumen überhaupt schon Spaß? Also machen wir das „in Familie".

Wir suchen uns einen Tag vom Wochenende aus, an dem das Wetter nicht so toll ist, und helfen dann alle zusammen.

So lernen die Zwillinge auch, wie man Dinge sinnvoll wegräumen kann, das alles seinen Platz hat und man sich dann auch viel leichter tut, Sachen zu finden, wenn man sie braucht.

Spielzeug, das gerade weniger in Betrieb ist, packen wir auf den Speicher. Wenn alles wieder ordentlich ist im Kinderzimmer, dann gibt's als Belohnung eine riesige, selbst gemachte Familienpizza. (Nina F.)

Rollentausch: Wer merkt, dass wir unsere Identität tauschen?

Ein schönes Experiment: Würde jemand merken, wenn die Zwillinge Thomas und Martin ihre Gruppen im Kindergarten tauschen? Ausgedacht hatten sich das die beiden Buben zusammen mit ihrer Mutter. Als sie neue Brillen brauchten, konnte das Experiment starten.

Ob Thomas und Martin ein- oder zweieiige Zwillinge sind, wissen wir nicht genau, denn dies haben wir nicht untersuchen lassen.

Während meiner Schwangerschaft bezeichnete meine Gynäkologin sie als zweieiig, doch die Merkmale, an denen sie dies zu erkennen glaubte (zwei Eihüllen, zwei Fruchtblasen, zwei Plazenten) lassen nach meinem heutigen Informationsstand keine eindeutige Aussage zu. Fest steht, dass die Kinder einander sehr ähnlich sehen und häufig miteinander verwechselt werden.

Um anderen die Unterscheidung zu erleichtern, kleide ich unsere Kinder grundsätzlich verschieden. Beide sind seit einem Jahr unterschiedliche Brillenträger und trugen bisher völlig unterschiedliche Brillen (auch von der Sehstärke her).

Sie sind nun viereinhalb Jahre alt und damit in einem Alter, in dem sie ihre Ähnlichkeit auch gerne einmal ausnutzen. So wünschen sie sich schon seit längerer Zeit, im Kindergarten einmal die Rollen zu tauschen und jeder in die Gruppe des Bruders zu gehen, statt in die eigene. Die Erzieherinnen unterscheiden unsere Zwillinge hauptsächlich an den Brillen

und aufgrund der verschiedenen Sehstärken erlaubte ich den Kindern nicht, ihre Brillen zu tauschen.

Als jedoch neue Brillen angeschafft werden mussten, ergab sich eine günstige Gelegenheit, dem Wunsch der Zwillinge nach einem Rollentausch zu entsprechen. Zur Vorbereitung kleidete ich jedes Kind in die typischen Sachen seines Bruders. Dann brachte ich beide mit ihren neuen Brillen jeweils in die Gruppe des anderen und verabschiedete mich. Ich war sehr gespannt, ob ich sie am Mittag noch dort vorfinden würde, wo ich sie abgegeben hatte.

Als ich die beiden dann abholte, war jedoch jeder wieder an seinem richtigen Platz. Bald erfuhr ich, was genau vorgefallen war: Thomas und Martin hatten sich recht geschickt angestellt. Beide hatten wenig und eher leise mit anderen Kindern und möglichst gar nicht mit den Erzieherinnen gesprochen, denn ihre Stimmen klingen recht verschieden. Martin hatte sich von Thomas Erzieherin, der ich noch am ehesten zugetraut hätte, das Rollenspiel zu entlarven, möglichst weit entfernt aufgehalten.

Die Kinder, mit denen er gespielt hatte,

und denen der Schwindel fast sofort aufgefallen war, hatte er überreden können, ihn nicht zu verraten.

Thomas hatte in Martins Gruppe leider nicht so viel Glück gehabt, denn Daniel, ein Junge, der mit beiden Zwillingen befreundet ist, wusste sehr bald, wen er wirklich vor sich hatte. Trotz Thomas Bitten posaunte er seine Entdeckung schon nach kurzer Zeit heraus, woraufhin Thomas enttäuscht zu weinen anfing.

Die Erzieherin hielt den Rollentausch für einen gelungenen Scherz und erklärte Daniel, dass es nicht fair sei, Geheimnisse auszuplaudern.   Anschließend brachte sie Thomas in seine eigentliche Gruppe zurück und sagte dort, sie wolle „ihren Martin" wiederhaben, woraufhin ihre Kolleginnen aus allen Wolken fielen.

Insgesamt hat der Rollentausch allen Beteiligten viel Spaß gemacht. Thomas und Martin haben erfahren, dass es nicht immer nur lästig ist, miteinander verwechselt zu werden, sondern auch einmal lustig sein kann. (Vera B.)

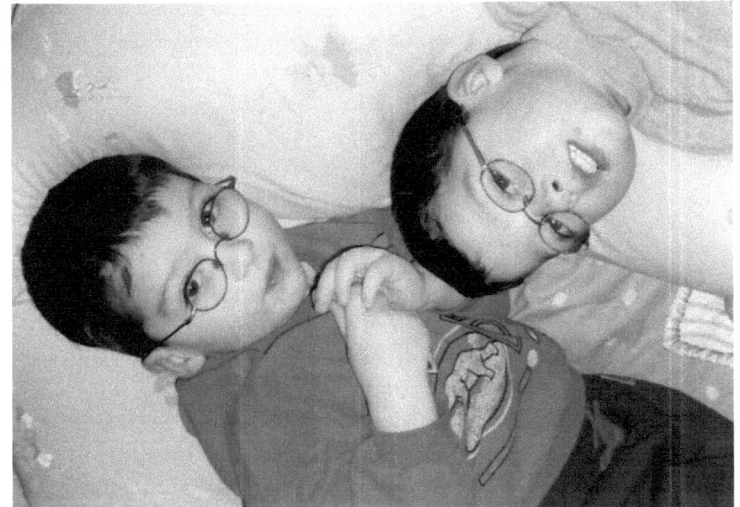

Wer ist wer? Das sollte ein schöner Spaß werden mit dem Gruppentausch von Thomas und Martin im Kindergarten ...

Kindergarten: Trennen oder lieber nicht?

Das ewige Thema, wenn Zwillinge in der Kindergarten kommen: soll man sie trennen oder lieber nicht? Jetzt ist die erste Möglichkeit gekommen, zweien, die ganz auf einander fixiert sind, eine eigene Identität zu geben. Zwillingsmutter Susanne ist froh, dass sie sich „getraut" hat.

Unsere Zwillinge Paula und Tom sind jetzt dreieinhalb Jahre alt. Seit August diesen Jahres gehen die beiden in den Kindergarten. Da unsere Kinder sehr aufeinander fixiert sind und auch im Zusammensein mit anderen Kindern oft nur miteinander spielten, auch wenn andere Kinder bei uns waren, haben mein Mann und ich lange überlegt, ob wir sie in eine gemeinsame Gruppe oder in getrennten Gruppen unterbringen sollten.

Entschieden wird zusammen mit den Eltern der Zwillinge.

Die Erzieherinnen unseres Kindergarten waren allerdings von Anfang an für getrennte Gruppen. In unserem Kindergarten werden Geschwisterkinder grundsätzlich getrennt, bei Zwillingen wird mit den Eltern zusammen entschieden.
Nach einem Gespräch mit den Erzieherinnen und einigen Überlegungen sowie den Tipps in Ihrem Buch „Zwillinge in Krippe, Kindergarten und Schule" haben wir uns dann doch dazu entschieden, Paula und Tom in getrennten Gruppen unterzubringen. Vor allem auch deshalb, weil Tom sehr dominant ist und immer bestimmt, „wo es langgeht" ...
Mit beiden hatte ich je einen Schnuppertag, der beiden gut gefallen hat.

Die ersten Tage waren dann doch sehr ungewohnt für die beiden, und bis ich mich verabschiedet hatte, waren sie immer sehr traurig, dass die Mami sie jetzt allein lässt. Doch die Erzieherinnen berichteten mir, dass sie, nachdem ich gegangen bin, sofort angefangen haben, zu spielen und gar nicht groß fragen würden, wo denn das Geschwisterkind nun wäre oder wann die Mami wiederkommt. Außerdem sehen sie sich ja, wenn alle Gruppen draußen spielen.
Mittlerweile gehe ich wieder abwechselnd zwei oder drei Tage je Woche arbeiten und die beiden werden an diesen Tagen von ihrer Oma in den Kindergarten gebracht. Auch das funktioniert super. Sie wissen jetzt schon ganz genau, wann der „Omatag" ist und wann ich wieder zu Hause bin.

Zu Hause haben sich die beiden viel zu erzählen ...

Erwähnen und loben möchte ich auch die Erzieherinnen unseres Kindergartens „Regenbogen" für ihre kompetente Hilfe und liebevolle Aufnahme von Paula und Tom in der Anfangsphase.
Nach zwei Monaten kann ich nun feststellen, dass beide sich im Kindergarten sehr gut eingelebt haben und sehr stolz

Gerade bei Pärchenzwillingen will gut überlegt sein, ob sie eine gemeinsame Kindergartengruppe besuchen sollen oder lieber getrennte Gruppen. In diesem Alter entwickeln sich Mädchen und Jungs in unterschiedlichem Tempo. Und dann sind getrennte Gruppen doch die bessere Entscheidung.

darauf sind, in getrennten Gruppen zu sein.

Wenn wir zu Hause sind, haben beide sehr viel von ihrer „Igel-Gruppe" und der „Dino-Gruppe" zu erzählen. Mittlerweile tröstet Paula ihren Bruder, wenn sie zum Beispiel ein gemaltes Bild mit nach Hause bringt und er nicht. Dann meint sie ganz mütterlich: „Das lernst Du in Deiner Dino-Gruppe auch noch!"

Wir glauben, es war die richtige Entscheidung, die Kinder in getrennte Gruppen zu geben. Denn jetzt hat jeder seine eigene Gruppe, kann sich ganz individuell entwickeln und auch die anderen Kinder nennen sie jetzt nicht immer nur „die Zwillinge", sondern sprechen jeden mit seinem Namen an, was wir für sehr wichtig halten. (Susanne B.)

Entscheidungshilfe für Eure/ Ihre Kindergartenzwillinge

Wer noch unsicher ist, informiert sich am besten bei anderen. Unser Buch enthält zahlreiche Beiträge von Eltern, Erziehern und Lehrern. Jeder macht es so, wie es für die eigene Familie richtig ist. Die Denkanstöße der anderen haben wir in diesem Buch zusammengefasst.

„Zwillinge in Krippe, Kindergarten & Schule" ISBN 978-3-927058-15-6, 19,90 Euro, bei www.twins.de und im gesamten Buchhandel.

Neue Rucksäcke für den Kindergarten

Ein ganz wichtiges Utensil für den Kindergartenbesuch ist der richtige Rucksack. Wenn der schon ausgesucht, gekauft und gepackt wird, empfinden die meisten Kinder eher Freude als Furcht vor der neuen Situation. Hersteller Little Life hat schöne neue Modelle ...

Klare Sache: Wenn Zwillinge in den Kindergarten kommen, sind sie anderen Kindern zwar im Vorteil, weil sie sich gegenseitig in der neuen, fremden Umgebung unterstützen können, trotzdem ist so ein neuer wichtiger Schritt immer auch ein bisschen mit Ängsten beladen.

Da kann eine tolle Kindergartentasche, die nicht jeder hat, schon ein bisschen den Start „versüßen".

Hersteller Little Life, der tolle Produkte für outdoor-begeisterte Familien hat, stellt jetzt seine neuen Kindergarten-Rucksäcke vor: Die Motive, die schön bunt sind, orientieren sich an Kinderbuchhelden wie Grüffelo oder dem Einhorn.

Gleichzeitig sind sie sehr praktisch und was auch noch ganz wichtig ist: in der dunkleren Jahreszeit, die ja jetzt unweigerlich auf uns zukommt, gut zu sehen. Und das sind die Modelle:

Kids' Backpacks

Nicht nur für den Kindergartenbesuch brauchen auch Kinder einen Rucksack. Und wenn der dann noch aussieht wie der Kinderbuchheld Grüffelo oder ein super-angesagtes Einhorn? Dann sind die Zwillinge, die sich durchaus verschiedene Rucksäcke aussuchen sollen, begeistert.

Mit einem Tier- und Motivrucksack von LittleLife machen auch Ausflüge mehr Spaß. Dabei passt in den geräumigen Sechs-Liter-Rucksack auch alles, was auf dem Ausflug oder im Kindergartenalltag so benötigt wird: Trinkflasche, Brotzeit, Jacke und/oder Lieblingsspielzeug.

Jeder Rucksack wartet mit lustigen Details auf. So glänzt zum Beispiel das Einhorn-„Horn" magisch und der Dinosaurierschwanz ist beweglich.

Weitere Details:

*   Ab circa 3 Jahre geeignet;
*   Schlaufe oben zum Aufhängen und Hochheben;
*   Gewicht 236 Gramm;
*   Volumen sechs Liter;
*   einstellbare Schultergurte mit Brustriemen;
*   Reißverschluss oben zum Öffnen des Rucksacks;
*   innen liegendes Namens- & Adressfeld;
*   liebevolle Designs wie Zacken, Punkte, Augen, Schwanz, Flügel ... je nach Motiv.
*   So einen Rucksack gibt es für circa 34,99 €.

Hi-Vis Action Packs

Die Hi-Vis-Rucksäcke sorgen sich vor allem um die Sicherheit der Zwillinge. Gerade in der dunklen Jahreszeit können der Weg zum Kindergarten oder zurück nach Hause zur Gefahr werden, da Autofahrer die Kinder möglicherweise nicht rechtzeitig erkennen. Abhilfe schaffen die weithin sichtbaren Hi-Vis Action Packs mit reflektierenden Elementen. Das große Sechs-Liter-Innenfach verfügt über ein innenliegendes Namens- und Adressfeld, breite, verstellbare Schultergurte und ein verschließbarer Brustgurt sorgen für den optimalen Sitz.

Weitere Details:

- Der Rucksack kann ab einem Alter von circa drei Jahren getragen werden;
- Schlaufe oben zum Aufhängen und robuster Griff auf der Rückseite zum Hochheben oder

- Bremsen von kleinen Rennfahrern;
- Gewicht 236 Gramm;
- Volumen sechs Liter;
- einstellbare Schultergurte mit Brustriemen;
- Reißverschluss oben zum Öffnen des Rucksacks;
- innenliegendes Namens- und Adressfeld;
- Hi-Vis Material mit reflektierenden Elementen für optimale Sichtbarkeit.
- Unverbindliche Preisempfehlung: 34,99 €

Saurier auf dem Rücken: die Rucksäcke sehen nicht nur lustig aus, sie sind praktisch und sicher.

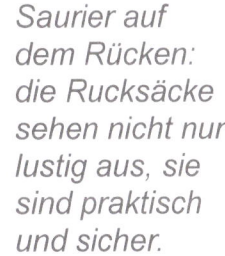

Drillinge: sind getrennte Gruppen sinnvoll?

Machen sich Zwillingseltern Gedanken, ob eine Trennung ihrer Kinder im Kindergarten sinnvoll ist, welche vermeintlichen Probleme türmen sich da erst bei Drillingseltern auf? In einer Facebookgruppe wurde dazu diskutiert. Fazit: Mehr Eigenständigkeit kommt von ganz allein. Trennung nicht nötig.

Wir haben vierjährige Drillinge, zwei Mädchen und einen Jungen. Die drei sind von Anfang an ein absolutes Dreiergespann. Sie machen immer und immer alles zu dritt. Daher habe ich es nicht über das Herz gebracht, sie im Kindergarten zu trennen und dies kommt aus organisatorischen Gründen jetzt auch nicht mehr infrage. Sie lieben sich heiß und innig und selbst wenn kleine Freunde kommen oder wir am Spielplatz sind, spielen sie zu dritt und das Besuchskind mehr oder weniger allein. Im Moment sehe ich keine Notwendigkeit, die drei auseinanderzureißen. In dieser Haltung werde ich auch von den Erzieherinnen unterstützt. Werden sie irgendwann einmal getrennte Wege gehen? (Martha N.)

Das kommt sicher irgendwann einmal, dass sie in verschiedene Richtungen gehen. Aber diesen Zeitpunkt kann man ja den Drillingen überlassen. So haben wir es auch gemacht.

Sie waren im Kindergarten (ging auch nicht anders) immer zusammen in einer Gruppe. Das Problem war nur, dass der Kleinste immer hinten an stand und sich nicht wirklich eigenständig entwickelt hat.

Nun sind die drei vormittags in einem Sprachförderkindergarten und dort jeder in einer anderen Gruppe. Für meine Jungs, gerade für den Kleinsten ist es toll. Er kommt langsam aus seinem Schneckenhaus, redet viel mehr und entwickelt sich für sich und nicht mehr nur mit seinen Brüdern.

Auch zu Hause herrschte eigentlich immer Krieg und Rivalität, jetzt merken wir auch, dass sie entspannter miteinander umgehen können..

Wenn bei Deinem Trio alles gut klappt und sie sozusagen ein „Dreamteam" sind, würde ich ihnen den Zeitpunkt des Abnabelns selbst überlassen. (Nicole H.)

Unsere zwei Jungs und unser Mädchen (im November werden sie sechs Jahre alt) sind auch in einer gemeinsamen Gruppe. Und das läuft super! Sie spielen gern miteinander, aber auch gerne mit anderen Kindern.

Bei unserer Tochter fängt es so langsam an, dass sie auch mal gerne allein mit anderen Mädchen spielt. Dies fördere ich auch, da die Jungs ein schon sehr eingeschworenes Team sind. Es wird aber keiner ‚unterdrückt' oder ‚klein gemacht'. Ich hab' drei kleine Alphatiere, die können sich alle gleichermaßen gut durchsetzen. Den Zeitpunkt der ‚Abnabelung' werden unsere drei ganz sicher selbst bestimmen. (Gabriele L.)

Im Kindergarten waren unsere Drillin-

KINDERMUND
Eine Mutter zur anderen:
"Wir sind im Hallo-Alter, die Kinder
grüßten alle mit 'Hallo'. Darauf
begrüßt ihr Sohn (2,5) einen Vater:
'Hallo Alter!'

Französischer Kindergarten

ABC-CLUB e.V.

NUMMER 134 Juli 2018

Auch in der aktuellen Ausgabe des ABC-Report, den der ABC-Club für seine Mitglieder herausgibt, ist der Kindergartenbesuch ein Thema.

Info unter: www.abc-club.de

ge immer in einer gemeinsamen Gruppe und jetzt in der Schule sind sie auch in einer gemeinsamen Klasse. Das ging auch gar nicht anders. Sie waren in einem kleinen Kindergarten mit nur jeweils einer Altersgruppe und in der Schule gibt es auch nur zwei Klassen. Also hatten wir nicht wirklich viele Möglichkeiten. Da klappt aber super. Jetzt haben sie auch jeder eigene Freunde. Ich würde es immer wieder so machen. (Christiane S.)

Meine Drillinge waren auch in einer gemeinsamen Kindergartengruppe, allerdings hatte unser Kindergarten ein offenes Konzept. Sie waren unzertrennlich und da sie sehr schüchtern waren, haben sie in den ersten Jahren kaum Kontakt zu anderen Kindern aufgenommen.
Nach ein/zwei Jahren fingen sie an, sich von selbst zu trennen und haben sich mit anderen Kindern angefreundet. Im Zuge eines zweiwöchigen Musikprojektes wurden sie (leider ohne Absprache mit uns) getrennt und diese Trennung ist komplett „nach hinten losgegangen". Nach dem Projekt waren sie wieder viel enger zusammen.
Nach einem Gespräch mit den Erzieherinnen haben wir klipp und klar gesagt, dass wir keine Trennungen mehr möchten und bitte über alles informiert werden möchten und dass sie die drei einfach in Ruhe lassen sollen und siehe da ... ohne Einfluss von Erwachsenen haben alle drei nun ihre eigenen Freundeskreise.
Sie sind nun in der vierten Klasse, meine Tochter hat ihre Mädchen-Clique, mein einer Sohn hat vor allem Freunde in der Klasse und der andere hat Freunde in einer anderen Klasse (nach einer Klassentrennung leider nicht anders möglich). Sie sind total glücklich und ich bekomme nur positives Feedback seitens der Lehrer und Eltern.
Ich denke, dass wir Eltern bzw. auch die Erzieher/innen oder auch Lehrer/innen sich nicht zu viel einmischen sollten. Mehrlinge entwickeln schon eine gewisse Eigenständigkeit und trennen sich, wenn sie so weit sind und nicht, wenn Außenstehende das wollen. Außerdem, was ist so schlimm daran, wenn sie unzertrennlich sind? Ich finde es eher positiv. Sie haben immer jemanden, den sie in und auswendig kennen und mit dem sie über alles reden können. Beste Freunde halt ... (Doris F.)

Unsere Drillinge waren erst in einem Kindergarten, wo sie in einer Gruppe waren. Im August haben wir in einen näheren Kindergarten gewechselt mit offenem Konzept. Dort spielen sie auch mal mit anderen Kinder, aber hauptsächlich doch zusammen.

Mit Martin ist es ja etwas schwierig, da er ja noch nicht laufen kann, ist er meistens alleine beschäftigt. Sie haben jetzt auch schon dreimal einen Jungen nach Hause eingeladen, doch auch dann spielen sie hauptsächlich unter sich. Ich hoffe ja mal, dass es sich doch noch irgendwann ändert! Als Zwilling weiß ich selbst, dass das noch dauern kann ... (Janina P.)

Meine Drillinge waren bis zur 10. Klasse immer zusammen, ab der 11. Klasse kam es durch verschiedene Leistungsfächer automatisch, dass sie nicht immer zusammen sein konnten, sie haben aber die Pausen immer gemeinsam verbracht. Nach der Aussage meiner Mädels, sollte man Drillinge nicht trennen, wenn so eine innige Beziehung besteht. Meine Drillinge wären über eine Trennung sehr unglücklich gewesen.

Mein Rat an alle, die hier mit diskutieren: schaut mehr auf Eure Kinder und lasst Euch nicht von angeblichen „Fachleuten" verunsichern. (Carla Z.)

GETRENNTE KLASSEN: Tabea schwimmt sich frei

So gleich und doch so verschieden

Die meisten Zwillingseltern überlegen lange, ob sie ihre Zwillinge spätestens in der Schule trennen sollen. Für Zwillingsmutter Kirsten war das eine klare Entscheidung. Fenja hatte ihre Zwillingsschwester im Kindergarten dominiert. Das sollte nun anders werden. Jetzt ist Tabea in ihrer Klasse sehr beliebt - nur Fenja gefällt das nicht.

Unsere Zwillinge, Tabea und Fenja werden jetzt elf Jahre alt und kommen in die fünfte Klasse. Während der Grundschulzeit haben wir sie in verschiedene Klasse eingeschult, und sind auch nachwievor der Meinung, dass es gut für sie war.

Fenja wäre gern mit ihrer Schwester zusammen.

Fenja schimpft zwar mit uns, denn sie wollte in der vierten Klasse mit ihrer Schwester zusammen sein ... doch wir haben sie vertröstet, sie möchte doch bitte bis zum nächsten Jahr warten, denn

dann steht wahrscheinlich sowieso der Wechsel in eine weiterführende Schule an.

Endlich kann sich Tabea frei entfalten und wird nicht gebremst.

Für Tabea ist diese Trennung enorm wichtig, da sie im Kindergarten komplett von Fenja in Beschlag genommen wurde und kaum Platz für eigene Freunde finden konnte. Nun hat sie sich von ihrer Zwillingsschwester „freigeschwommen" und ist eine der beliebtesten Schülerinnen in ihrer Klasse.

Fenja hat leider große Probleme damit. Sie verabredet sich selten mit anderen ... will immer erstmal wissen, was Tabea wohl vorhat, möchte dann auch meistens mit ihr und ihren Klassenkameraden spielen. Oft geht es leider schief, weil Fenja ständig an den Freunden ihrer Schwester herumnörgelt oder der Chef sein will. Aber, was nützt das ganze Reden? Sie muss selbst ihre Lehren draus ziehen.

Auf dem Fußballfeld kommen sie sich nicht ins Gehege ...

Wo sie jedoch bestens gemeinsam ankommen und keine die andere verärgert, ist auf dem Fußballplatz. Da spielen sie wie „ein Mann". Noch spielen sie in einer reinen Jungenmannschaft. Und die Jungs wie auch der Trainer möchten sie auch in der nächsten Saison noch nicht an die Mädchenmannschaft abgeben. Nun, spätestens in zwei Jahren müssen sie allerdings in eine Mädchenmannschaft wechseln. Das tut mir schon jetzt leid. Immerhin spielen sie schon fast sechs Jahre lang in dieser Konstellation.

So verschieden können Zwillinge sein.

Für mich ist es nachwievor sehr faszinierend, Zwillinge zu haben - so unterschiedlich und dann doch wieder so ähnlich und manchmal sogar gleich. Charakterlich sind die beiden grundverschieden. Tabea ist lieb, gesellig, zurückhaltend und Fenja ist einfühlsam aber auch egoistisch, fordernd und sehr schmusebedürftig. Doch sowohl in der Schule, am Musikinstrument, wie auch im Sport sind sie gleich auf.

Fast identische Zeugnisse - wie wird das werden in einer gemeinsamen Klasse?

Die Zeugnisse sind trotz unterschiedlicher Lehrer fast identisch, Fahrradfahren, Schwimmen, Flöte spielen - das lernten die beiden grundsätzlich am gleichen Tag. Und das natürlich ohne Druck von außen!
Wir sind einfach nur glücklich und begeistert, Zwillinge zu haben, auch wenn es regelmäßig Momente gibt, an denen wir uns die Frage stellen: mussten wir uns das wirklich antun??? Ja!!!
(Kirsten S.)

I love my brain: Helme von Nutcase

Eigentlich eine Selbstverständlichkeit, dass unsere Kinder nur mit Fahrradhelm Rad fahren. Und wenn dann der Helm auch noch stylisch daherkommt, macht es noch mehr Spaß. Die amerikanische Firma Nutcase unterstützt die Aktion „I love my brain" mit farbenfrohen Modellen.

Die Schule hat angefangen. Jetzt ist es nicht nur wichtig, Federmäppchen und Schulranzen richtig auszustatten: Auch Schulkinder, die mit dem Fahrrad zur Schule fahren, sollten richtig ausgestattet werden, zum Beispiel mit einem Helm von Nutcase. Der amerikanische Helmhersteller macht mit der Back to School-Kampagne „I LOVE MY BRAIN" darauf aufmerksam, wie wichtig ein Helm für die Sicherheit ist. Und weil ein Helm eher akzeptiert wird, wenn er gut aussieht, gibt es zahlreiche stylische Muster und Farben für die ganze Familie.

Ein wichtiger Faktor, um die Zahl der helmtragenden Personen im Straßenverkehr weiterhin zu erhöhen, ist die Vorbildfunktion der Eltern. Der DGU (Deutsche Gesellschaft für Orthopädie und Unfallchirurgie) zufolge tragen in Deutschland 76 Prozent der Kinder einen Helm, bei den Eltern hingegen sind es nur 20 Prozent. Nutcase-Helme gibt es allerdings für jedes Alter und jeden Kopf.

Technische Raffinesse

Die aktuelle Street-Helmkollektion beinhaltet authentische und straßentaugliche Modelle in mehr als 30 verschiedenen Uni-Farben sowie mit angesagten und farbenfrohen

Macht Spaß: Helm mit Punkten

Motiven. Die Helme sind jeweils mit einer 360 Grad Reflexion, einem abnehmbaren Drehradverstellsystem, einem abnehmbaren Visier, drei verschiedenen Innenpolster-Sets zur Einstellung der individuellen Passform und der Signatur Fidlock™ Magnetschnalle ausgestattet.

Wenn es also nach der langen Sommerpause wieder heißt: Back to School und Back to Work, sind es Nutcase Fahrradhelme, die sowohl ein sicheres Gefühl als auch einen unverwechselbaren stylischen Look schaffen.

Radfahren an der Nordseeküste ...

Aktive Zwillingseltern sind gern mit dem Fahrrad unterwegs. Warum nicht mal an der Nordsee? Da gibt es tolle Touren, die man machen kann. Und jetzt auch eine Broschüre, die die Ideen zusammengestellt hat. Die Zwillinge Torben und Henrik haben sie getestet.

Die Nordseeküste Schleswig-Holstein präsentiert sich Urlaubern als ein Fahrradparadies für jeden Geschmack. Vielseitige, gut beschilderte Radwege führen kreuz und quer durch die zumeist ebene Landschaft - vorbei an Kirchen und Haubargen, Museen, kleinen Galerien und Nationalpark-Infozentren. Die Vielfalt an Radangeboten von geführten Touren über Erlebnisrundrouten bis hin zu Serviceangeboten ist beeindruckend.

Einen ersten Überblick finden Radurlauber auf https://www.nordseetourismus.de/radreisen. Und hier in unseren Tipps:

Die Husumer Meeresroute

Diese Radtour steht ganz im Zeichen des Meeres, auch wenn der erste Teil der Tour durch das Hinterland Husums führt, wo ruhige Nebenstraßen den besten Blick auf den Schobüller Berg freigeben. Dieser nimmt eine ganz besondere Rolle im Küstenschutz ein. Einzigartig macht den Husumer Stadtteil Schobüll und die umliegende Landschaft die Verbindung von Meer und Watt, Salzwiese und Marsch, Wald und Heide. Denn in Schobüll grenzt die Geest direkt an die Nordsee. Näher ran geht es

Die Zwillinge Torben und Henrik sind wahre Nordsee-Fans ... und auch das Radfahren macht ihnen Spaß. Mama Christiane hat sogar einen eigenen Radlblog unter www.radheldin.org

nicht - kein Deich in Sicht. Vorbei an der ehemals wichtigen Landmarke für Seefahrer, der Marienkirche in Hattstedt, radelt es sich gemütlich immer der frischen Seeluft hinterher. Hattstedt ist ein hübscher nordfriesischer Ferienort mit einem lebendigen Kunst- und Kulturleben. Wechselhaft ist die Geschichte von Friesen und Dänen in dieser Gegend. Eine Besonderheit ist der „Mikkelberg", dessen Name „der große Berg" bedeutet. Bis in die 1950er Jahre war hier das Müllergewerbe beheimatet. Heute ist der Mikkelberg ein modernes, nordisches Kunst- und Kricketzentrum, entworfen von einem dänischen Architekten.

Mit Blick auf die Halbinsel Nordstrand und die Nordsee lässt es sich abschließend im Husumer Stadtteil Schobüll herrlich rasten, baden oder das „Kirchlein am Meer" erleben, bevor es mit Schwung direkt am Deich, Wasser und Hafen in die Stadt zurück geht.

Mit ihrer Länge von 20 Kilometer und den zahlreichen Möglichkeiten für Zwischenstopps (zum Beispiel am Mikkelberg, in Schobüll, an der Dockkoogspitze) ist diese Tour ideal für Familien.

Weitere Informationen:
www.husum-tourismus.de

Radwegenetz Eiderstedt

Das weitreichende Radwegenetz auf Eiderstedt führt mit 12 Radtouren über eine Strecke von 650 Kilometer über die Halbinsel und durch St. Peter-Ording. Es gibt verschiedene Strecken von knapp 15 bis zu 105 Kilometer. Gut ausgebaute Radwege entlang der Straßen und Wege bringen einen auch bei Gegenwind komfortabel ans Ziel. Alle Touren sind als Rundtouren konzipiert und lassen sich je nach Lust und Laune miteinander kombinieren und je nach Kondition, Wind und Wetter auch verkürzen oder verlängern. Unterwegs gibt es in vielen Museen und anderen tollen Sehenswürdigkeiten Kultur, Geschichte und den Nationalpark Wattenmeer in St. Peter-Ording zu entdecken.

Ein absolutes Top-Ziel im Eiderstedt-Urlaub ist eine Tour zum Leuchtturm Westerhever. Ländliche Cafés bieten außerdem die perfekte Möglichkeit für ein Päuschen mit Kaffee und Kuchen, um gestärkt weiter durch

die herrliche Landschaft zu radeln und die frische, salzige Nordsee-Luft einzuatmen.

Der Nordsee-Küsten-Radweg führt an der Halbinsel Eiderstedt von Vollerwiek über den Grothusenkoog, nach St. Peter-Ording, Tümlauer Koog und an Garding vorbei. Für Nordseeküsten-Radweg-Fahrer ist St. Peter-Ording daher ein idealer Zwischenstopp für ein paar Tage oder einen Besuch am Strand. Gut ausgeschilderte Radwege verhelfen zu einem ganz entspannten Fahrradurlaub mit Meerblick. Auch der Wikinger-Friesen-Weg führt zur Halbinsel Eiderstedt und nach St. Peter-Ording. Die Radtour zwischen Nordsee und Ostsee ist eine interessante Reise entlang der Geschichte von Wikingern und Friesen, welcher man mit Hilfe von Audiotracks, Informationstafeln und GPS-Routen auf die Spur kommen kann.

Die GPS-Routen zu den 12 Radtouren auf der Halbinsel Eiderstedt und St. Peter-Ording finden sich unter
www.st-peter-ording.de

Op Tour in Büsum

Wind im Rücken - am Schweinedeich vorbei - Wissen im Gepäck: Unter dem Motto „Büsum erleben" laden die Büsumer Gästelotsen mittwochs von Ende März bis Oktober ab 14:30 Uhr Radfahrer zu einer informativen und geselligen circa 10 Kilometer langen Fahrradtour ein. Die Radtour mit eigenem Fahrrad startet ab dem Rathaus und ist mit einer gültigen Gäste- oder Einwohnerkarte kostenfrei.

Bei dieser gut zweistündigen Erlebnistour lernen sich Gleichgesinnte kennen und erfahren nebenbei Spannendes zur Geschichte Büsums. An diversen Haltepunkten erläutern die Büsumer Gästelotsen anhand ihrer Bildermappe, wie sich das Ortsbild entwickelt hat und spicken diese mit lustigen Anekdoten. Woher zum Beispiel der Name Perlebucht kommt, was der Unterschied

zwischen einer Wurth und einer Warft ist und was es mit dem Freilicht-Deichmuseum auf sich hat ... die Gästelotsen haben stets ein offenes Ohr für Fragen. Ein Exkurs in die Geschichte der Deiche ist natürlich auch dabei, bevor es weiter vorbei am Marktplatz bis zum Ziel der Radtour an der auffälligen, grünen Persiluhr auf dem Ankerplatz weiter geht.

Doch wie kommt Büsum jetzt zu seinem Schweinedeich? Sicher ist, dass dort keine Schweine weideten. Die Herkunft des Namens vermutet man, könnte mit einer Familie Swien zu tun haben, die in früheren Jahrhunderten Mitglieder in der Dithmarscher Verwaltung hatten.

Mehr Info unter: **www.buesum.de**

Amrum - immer rund herum

Das Gute an einer Insel ist ihre Ausweglosigkeit. Per Rad gibt's auf Amrum eigentlich nur eine Richtung - und die ist abhängig vom Wind. In 90 Minuten kommt man gemütlich einmal rum um das knapp 10 Kilometer lange Eiland und hat dann viel gesehen: Watt, Strand, Wald, Leuchtturm, die Vogelkoje, den Seezeichenhafen und fünf Friesendörfer. Rund 2000 Leihräder gibt's auf der Insel. Da ist alles dabei, vom Sportbike bis zum Tiefeinsteiger. Der Anteil der E-Bikes wird immer größer. Jedes dritte Rad bei Marcs Fahrradverleih direkt am Hafen hat mittlerweile schon einen Motor. Für die ganz Sportlichen gibt's dort auch E-MTB-Modelle, die wirklich jeder Sandfurche trotzen.

Schöne Idee für Zwillingsfamilien: Einmal rund um Amrum geht auch im Kettcar - im „Vierer" hat die ganze Familie Platz, das kleine Modell ist für zwei Kinder ausgelegt. Da die Insel nicht sehr breit ist, kann man gut zwischen Watt- und Strandseite oder Heide und Salzwiese wechseln - je nach Brise. Merke: Der Wind gewinnt immer!

Aber nach zwei Stück Friesentorte könnte man sich überlegen, den Kampf aufzunehmen. Gerade zur Hauptsaison lohnt es sich, sein Wunschrad schon vorab online zu buchen. Da das bei Ankunft der Fähre und großem Andrang auch die Verleiher entlastet, gibt es oft gute Angebote, und die Auswahl ist groß. Zum Beispiel bei **www.marcsfahrradverleih.de**.
Infos zur Insel gibt's hier: **www.amrum.de**

Radfahren auf Föhr

Radfahren gehört auf der Insel Föhr zu den beliebtesten Freizeitbeschäftigungen. Schließlich lädt das grüne, flache Land förmlich dazu ein, auf zwei Rädern erkundet zu werden. Vorbei an urigen Friesenhäusern und alten Windmühlen genießt man den Blick auf die wunderschöne Marschlandschaft oder radelt in der Godelniederung und beobachtet bei einer Pause die vielen Brut- und Rastvögel.
Über 200 Kilometer ausgewiesene und leicht zu befahrene Radwege stehen großen und kleinen Radfahrern zur Verfügung. Darüber hinaus gibt es fünf Themen-Routen, die zur Entdeckungsreise quer über die Insel einladen und zu den schönsten Punkten führen. Die begleitende Fahrradkarte ist in jeder Tourist-Information auf Föhr erhältlich. Ab Sommer 2018 lädt die neue Themen-Route „Schlemmerpartie" dazu ein, Föhrer Spezialitäten zu entdecken und zu genießen. Vom zweiten Frühstück bis zum Picknick, von Fleisch und Käse, von Süßem und Obst ist auf dieser Tour für jeden Geschmack etwas dabei. Unterwegs bieten ausgewählte Erzeuger sowie verschiedene Hofläden immer wieder die Möglichkeit einen Zwischenstopp einzulegen. Dort erwartet den Besucher eine große Auswahl an inseleigenen Produkten wie Fleisch, Milch, Käse, Föhrer Obst und Gemüse, Marmeladen, feinen Kräuterölen und vieles mehr.

Leckereien für hungrige Radfahrer finden sich in den zahlreichen Restaurants und urigen Cafés entlang der Strecke.
Wer sein eigenes Fahrrad nicht auf die Fähre mitnehmen möchte, sucht sich bequem eins vor Ort bei den zahlreichen Fahrradverleihern aus. Wer es ganz entspannt haben möchte, leiht sich ein E-Bike und trotzt so ganz leicht jeder Böe. Die meisten der Föhrer Fahrradverleiher bieten zudem einen kostenlosen Bring- und Abholservice an und helfen bei eventuellen Pannen während der Radtour schnell aus.
Weitere Informationen: **www.foehr.de**

Nordfriesland: Rad-Erlebnisrouten

16 Erlebnisrouten laden dazu ein, die Region rund um Dagebüll, Niebüll, Bredstedt, Leck und Klanxbüll per Fahrrad zu erkunden. Die Rad-Erlebnisrouten führen vom Deich bis ins idyllische Binnenland, durch reizvolle Naturschutzgebiete, vorbei an Dünen- oder Heideflächen, saftigen Marschlandschaften, traditionsreichen kleinen Städten und zum UNESCO-Weltnaturerbe Wattenmeer. Alle Routen sind ausgeschildert und als Rundkurse angelegt. Je nach Kondition, Lust und Laune stehen Routen mit einer Länge von 14 bis 43 Kilometern zur Verfügung. Mehr Info unter:
www.nordfrieslandtourismus.de

Radausflüge an der Küste Pellworms

Auch Pellworm bietet zahlreiche Möglichkeiten für abwechslungsreiche Radtouren mit beeindruckender Natur und abwechslungsreichen Highlights - beispielsweise die „Süderrunde". Sie ist 18 Kilometer lang und führt unter anderem am Leuchtturm vorbei. Er ist mit über 40 Metern Höhe ein deutlich sichtbares Wahrzeichen Pellworms. Wer hier einen Stopp bei seinem Radausflug einlegen möchte, kann den Turm besichtigen und die herrliche Aussicht von oben genießen. Vorher sollte man sich allerdings mit dem Kur- und Tourismusservice (KTS) in Verbindung setzen. Besichtigungen des Pellwormer Leuchtturmes finden Montag, Dienstag und am Donnerstag (Nachmittag) statt. Vorherige Anmeldun erbeten. Mehr Infos dazu gibt's hier: **www.pellworm.de**

Die „Süderrunde" bietet auch deshalb viel Abwechslung, weil sie teils quer über die Insel und teils direkt an der Nordsee entlangführt. Dabei werden drei Badestellen mit Hundestränden passiert. Und natürlich ist unterwegs auch für Verpflegung gesorgt: Im „Strand-Café" an der Tammwarft gibt's köstlichen selbstgebackenen Kuchen und Tortenspezialitäten. Noch ein Stück weiter nördlich liegt das „Café Rosengarten". Dort werden die hungrigen Radler mit hausgemachten leckeren Inseltorten versorgt. Für ein stärkendes Mittagessen während des Radausflugs kann am Restaurant „Zur Alten Kirche" Halt gemacht werden. Gleich daneben steht die Alte Kirche St. Salvator aus dem 11. Jahrhundert. Hier finden im Sommer Orgelkonzerte und spannende Führungen statt, wobei man unter anderem die kostbare Arp-Schnitger-Orgel bestaunen kann.

Weitere Ideen für einen erlebnisreichen Radurlaub an Nordsee Schleswig-Holstein finden sich in der kostenlosen nordsee Radbroschüre mit praktischen Tourenvorschlägen. Die nordsee Radbroschüre ist über die Internetseite www.nordseetourismus.de oder telefonisch unter der Tel: 04841-89750 bestellbar.

Für's Lastenrad schon etwas groß: Torben und Henrik.

Alle Ausgaben von ZWILLINGE – das Magazin

Folgende Ausgaben unserer neuen Zeitschrift sind jederzeit & immer zu haben unter www.twins.de und auf allen gängigen Internet-Buchbestell-Portalen. Als Buch für 9,90 €, als E-Book für nur 7,99 € (nur bis Ausgabe 17). Von Ausgabe 01 bis inklusive Ausgabe 20 wurde das Magazin unter dem Titel: „Das neue ZWILLINGE Magazin" veröffentlicht. Danach haben wir die Zeitschrift umbenannt, damit sie im Internet besser gefunden wird.

- Das neue ZWILLINGE Magazin - Ausgabe 01: ISBN 978-3-927058-22-4 (print 9,90 €)
- Das neue ZWILLINGE Magazin - Ausgabe 02: ISBN 978-3-927058-25-5 (print 9,90 €)
- Das neue ZWILLINGE Magazin - Ausgabe 05: ISBN 978-3-927058-36-1 (print 9,90 €)
- Das neue ZWILLINGE Magazin - Ausgabe 06: ISBN 978-3-927058-53-8 (print 9,90 €)
- Das neue ZWILLINGE Magazin - Ausgabe 07: ISBN 978-3-927058-60-6 (print 9,90 €)
- Das neue ZWILLINGE Magazin - Ausgabe 08: ISBN 978-3-927058-65-1 (print 9,90 €)
- Das neue ZWILLINGE Magazin - Ausgabe 09: ISBN 978-3-927058-67-5 (print 9,90 €)
- Das neue ZWILLINGE Magazin - Ausgabe 10: ISBN 978-3-927058-73-6 (print 9,90 €)
- Das neue ZWILLINGE Magazin - Ausgabe 11: ISBN 978-3-927058-79-8 (print 9,90 €)
- Das neue ZWILLINGE Magazin - Ausgabe 13: ISBN 978-3-927058-84-2 (print 9,90 €)
- Das neue ZWILLINGE Magazin - Ausgabe 14: ISBN 978-3-927058-90-4 (print 9,90 €)
- Das neue ZWILLINGE Magazin - Ausgabe 15: ISBN 978-3-927058-93-4 (print 9,90 €)
- Das neue ZWILLINGE Magazin - Ausgabe 16: ISBN 978-3-927058-95-8 (print 9,90 €)
- Das neue ZWILLINGE Magazin - Ausgabe 17: ISBN 978-3-927058-97-2 (print 9,90 €)
- Das neue ZWILLINGE Magazin - Nr. 18: ISBN 978-3-927058-99-6 (nur print - 7,99 €)
- Das neue ZWILLINGE Magazin - Nr. 19: ISBN 978-3-927058-39-2 (nur print - 7,99 €)
- Das neue ZWILLINGE Magazin - Nr. 20: ISBN 978-3-927058-43-9 (nur print - 7,99 €)
- ZWILLINGE - DAS MAGAZIN - Nr. 21: ISBN 978-3-927058-46-0 (nur print - 7,99 €)
- ZWILLINGE - DAS MAGAZIN - Nr. 22: ISBN 978-3-743141-65-0 (nur print - 7,99 €)
- ZWILLINGE - DAS MAGAZIN - Nr. 24 ISBN 978-3-7431-6633-2 (print 7,99 €)
- ZWILLINGE - DAS MAGAZIN - Nr. 25 ISBN 978-3-7431-7302-6 (print - 7,99 €)
- ZWILLINGE - DAS MAGAZIN - Nr. 26 ISBN 978-3-7448-1375-4 (print - 7,99 €)
- ZWILLINGE - DAS MAGAZIN - Nr. 27 ISBN 978-3-7448-6986-7 (print - 7,99 €)
- ZWILLINGE - DAS MAGAZIN - Nr. 28 ISBN 978-3-7448-9922-2 (print - 7,99 €)
- ZWILLINGE - DAS MAGAZIN - Nr. 29 ISBN 978-3-7460-1535-4 (print - 7,99 €)
- ZWILLINGE - DAS MAGAZIN - Nr. 30, ISBN 978-3-7460-6536-6 (Print - 7,99 €)
- ZWILLINGE - DAS MAGAZIN - Nr. 31, ISBN 978-3-7460-7517-4 (Print - 7,99 €)
- ZWILLINGE - DAS MAGAZIN - Nr. 32, ISBN 978-3-7528-5015-4 (Print - 7,99 €)
- ZWILLINGE - DAS MAGAZIN - Nr. 33, ISBN 978-3-7528-3996-8 (Print - 7,99 €)
- alle übrigen sind inzwischen ausverkauft

**Jedes Magazin (Buch) im Internet oder über www.twins.de
Ausgaben 01 - 17 und ab Ausgabe 24 auch wieder als E-Book auf
Amazon & anderen Portalen für 5,99 €.**

**Nächste Ausgabe: ZWILLINGE - DAS MAGAZIN -
Ausgabe 35 = Nov./Dez. 2018 voraussichtlich ab 26. Nov. 2018*)**

*) da das Heft bei Books on Demand produziert wird, können wir keinen definitiven Termin für das Erscheinen angeben, da wir auf die Produktionszeiten von BoD keinerlei Einfluss haben.

Familie Kerners Fotospaß

Keine Leserfamilie hat so viel Spaß beim Fotografieren wie Zwillingsfamilie Kerner. Selbst der Papa und Kater Speedy machen mit. Und natürlich die Zwillinge Leonie und Leon. Der Papa hat eine Auszeichnung verdient ...

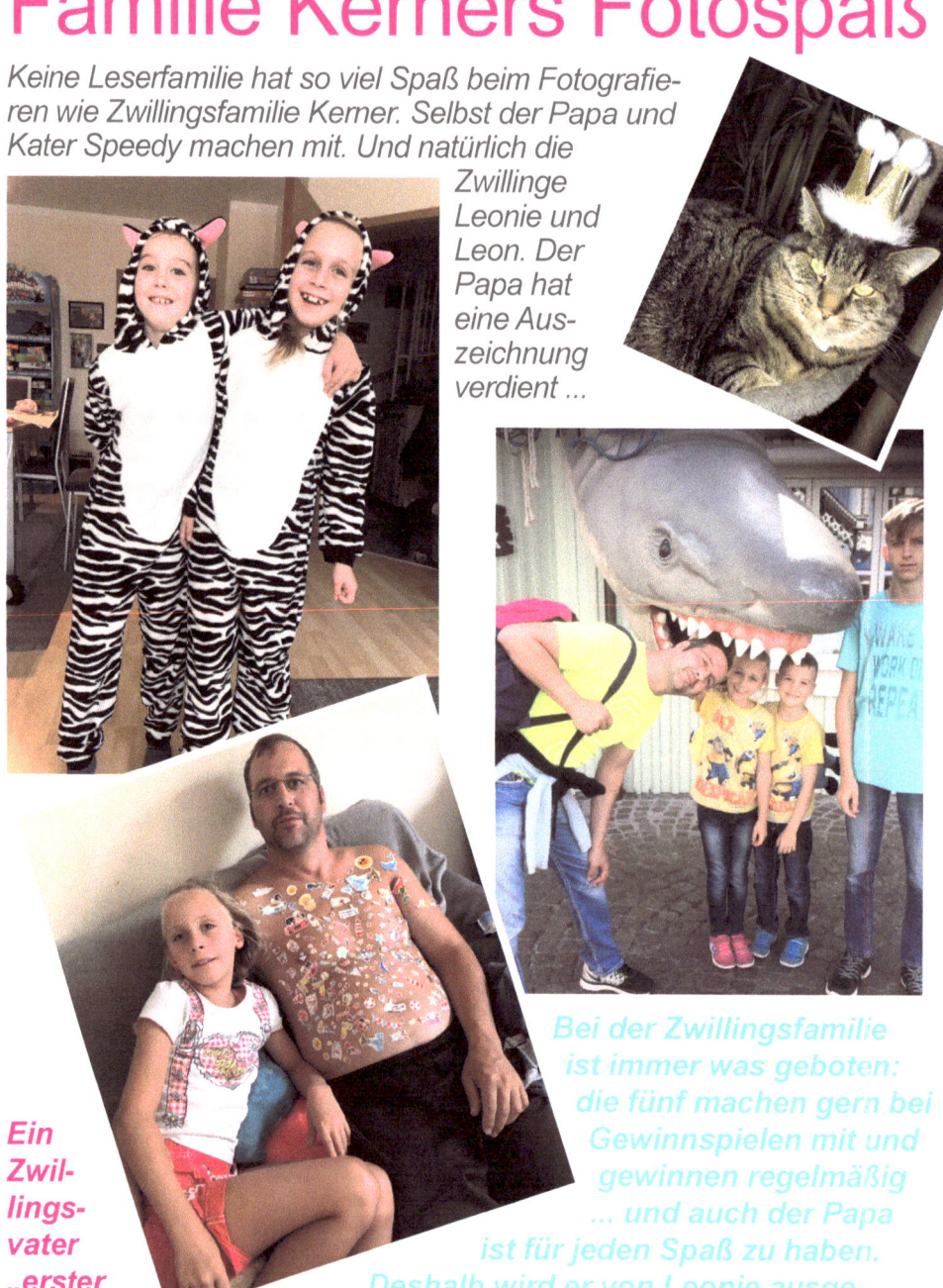

Ein Zwillingsvater „erster Güte" ...

Bei der Zwillingsfamilie ist immer was geboten: die fünf machen gern bei Gewinnspielen mit und gewinnen regelmäßig ... und auch der Papa ist für jeden Spaß zu haben. Deshalb wird er von Leonie ausgezeichnet - im Schlaf mit unzähligen Aufklebern.